I0134327

Im Rahmen analysierender Zusammenfassungen von Immanuel Kants "Prolegomena", Arthur Schopenhauers "Die Welt als Wille und Vorstellung" (Band 1), Konrad Lorenz' "Kant's Lehre vom Apriorischen im Lichte gegenwärtiger Biologie" sowie Erwin Schrödingers "Mind and Matter" werden hier die Positionen der besagten Autoren zu den Aspekten Sprache, Zeit und Wirklichkeit in linguistischer, erkenntnis- wie auch wissenschaftstheoretischer Hinsicht eingehend untersucht.

Ralph A. Hartmann

Die Welt als reine Materie oder metaphysische Illusion

Linguistisch-philosophische Untersuchungen zu Sprache, Zeit und Wirklichkeit bei Immanuel Kant, Arthur Schopenhauer, Konrad Lorenz und Erwin Schrödinger

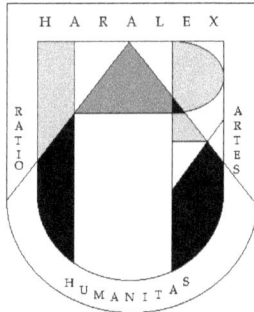

HARALEX **Publishing House**
Edinburgh
2021

HARALEX Publishing House
3 Wardlaw Place
Edinburgh EH11 1UA

Published 2021 by *HARALEX* Publishing House

Copyright © 2021 by Ralph A. Hartmann

Bibliographische Information Der Deutschen Nationalbibliothek

Die Deutsche Nationalbibliothek verzeichnet
diese Publikation in ihrem Katalog.

British Library Cataloguing in Publication Data

A catalogue record for this book is available from the British Library.

Taschenbuch-Ausgabe (2021)
ISBN: 978-1-905194-80-3

Inhalt

Ungeordnete Vorbemerkungen

Es sind die überwältigenden, metaphysisch fundierten Verwirrungen oder Mehrdeutigkeiten der menschlichen Sprache, die den Urheber dieses Werkes daran hindern, selbiges in einer gedanklich kohärent gegliederten Weise zu beginnen. Allein das Vokabular des vorangegangenen Satzes erscheint ihm inadäquat, um den Sachverhalt darzustellen, den es – in möglichst objektiver Weise – darzustellen gilt. Was, zum Beispiel, will uns das Wort "überwältigend" sagen, das dort wie selbstverständlich verwendet wird? Wohl symbolisiert es eine Emotion, eine "Leidenschaft der Seele", doch verharrt sowohl sein Sinn als auch seine Bedeutung in der obskuren Welt der Metaphysik, die ihrerseits wiederum ein Fundament menschlicher Existenz bildet aufgrund der Tatsache, daß sie mit der Sprache einhergeht. Die daraus folgende Frage scheint demgemäß zu sein: Wie entledigen wir uns jener teuflischen Metaphysik? Überhaupt nicht, mag nun der Besonnene sagen, indem er sich vor Augen führt, wie die Lehre des nicht Greifbaren uns verdeutlicht, was nicht der Fall ist. Sie gaukelt uns das Glück vor, welches das sprachlose Tier vermutlich empfindet, dessen es sich allerdings aufgrund seiner Sprachlosigkeit niemals selbst bewußt wird. Das bedeutet, daß wir Glück niemals empfinden, sondern es lediglich auf andere projizieren, sprich: insbesondere auf die Welt der Tiere, die wegen ihrer Sprachlosigkeit gar nicht "wissen", was es heißt, glücklich zu sein. Somit läge das Glück, nach dem der Mensch so gierig strebt, in einer Welt ohne Sprache. Jedoch gäbe es in einer Welt ohne Sprache den Begriff "Glück" gar nicht, weshalb wir schon zu Beginn dieser Schrift auf ein unüberwindbares Paradoxon – kreiert durch die Sprache selbst – gestoßen sind. Da wir aber nicht imstande sind, ihr zu entfliehen, müssen wir den Kompromiß eingehen, uns mit ihr auseinanderzusetzen, ja: mit ihrer Hilfe die Welt um uns herum zu verstehen versuchen. Bei jedem Schritt, den wir hier unternehmen, dürfen wir allerdings nicht außer Acht lassen, in welche Widersprüche wir uns verstricken, denn das Wort "Sprache" impliziert – oder, wie der Philosoph es gerne ausdrückt: präsupponiert die Kontradiktion. Jedem sprachlichen Begriff inhäriert sein Gegenteil, das der Sophist zu seinem Vorteil zu nutzen weiß und somit die Schwächen der vornehmsten menschlichen Fähigkeit gnadenlos aufdeckt.

Nun ist in dem vorangegangenen Satz ein entscheidendes Stichwort gefallen, nämlich die Kombination "sprachlicher Begriff", die auf eine Identität von Sprache und Begriff deutet: Die Sprache bietet uns den Möglichkeitsraum, um Begriffe zu bilden. Zunächst ist ein Begriff rein abstrakter Natur, da er ein Bild in unserer Vorstellungskraft erzeugt. Oder ist es genau umgekehrt? Wir nehmen ein Objekt wahr, ein Mitmensch deutet darauf und äußert eine Benennung, einen Namen dafür; zukünftig, sobald diese Benennung ausgesprochen wird, generiert sie in unserem Verstand die Gestalt des zuvor wahrgenommenen Objekts. Dieses simple Beispiel zeigt bereits klar das Problem, mit dem wir auf der sprachlichen Ebene konfrontiert werden: Wo ist der Anfang, der Beginn? Was war "zuerst" da: das Objekt, die Sprache oder der Begriff? Man beachte bei dieser Frage das Tempus – das Präteritum "war". Ohne jenen zeitlichen Faktor macht die Frage keinen Sinn. Mit zuckenden Achseln stehen wir sodann vor dem Spiegel: Wir haben Begriffe, Objekte, die wir sprachlich benennen sowie eine zeitliche Relation, welche wiederum einen maßgebenden Begriff darstellt; wir drehen uns im Kreise – die Wirklichkeit der Objekte, die Abstraktheit der Begriffe, beides ausgedrückt in Sprache, die einerseits Zeit beansprucht, verwendet zu werden, aber ebenso zeitliche Referenten beinhaltet. Die Verwirrung ist vorprogrammiert; wir bewegen uns auf verschiedenen Ebenen. Wann benutzen wir beispielsweise Sprache, um über Sprache zu sprechen und wann nicht? Die Schwierigkeit einer solchen Metasprache stellt sich unmittelbar. Bei jedem Satz, den ich äußere, müßte ich demzufolge dazusagen, ob er ein Satz der Sprache oder einer der Metasprache ist, also derjenigen, die etwas über einen Satz / eine Phrase der (Haupt-) Sprache aussagt. Verwirrung entsteht hauptsächlich dann, wenn wir Sätze äußern, die sich auf verschiedenen Ebenen von Metasprachen bewegen. Ambiguitäten scheinen unvermeidbar. Die Eindeutigkeit eines Satzes, einer Aussage kann nicht hundertprozentig festgestellt werden.

Wenn ich hier über Sprache generell rede, benutze ich bereits eine Metasprache, befinde mich also nicht auf der untersten, auf der fundamentalen Ebene. In der alltäglichen Konversation müßte man dementsprechend immer dazusagen, auf welchem metasprachlichen Niveau man sich bewegt, um jegliche Mißverständnisse auszuräumen. Oder man sollte alle Begriffe, die man verwendet, eindeutig definieren – wobei man stets zwischen verschiedenen metasprachlichen Ebenen hin- und herwechselte.

Immens schwierig gestaltet sich die Kommunikation, sobald problematische Begriffe ins

Spiel kommen, wie etwa "Zeit" und "Wirklichkeit", die in der Alltagssprache behandelt werden wie gegenständliche Objekte, die unser Wahrnehmungsapparat konkret perzipiert.

Im vorangegangenen Satz finden wir dementsprechend bereits eine zweideutige Formulierung, indem davon die Rede ist, daß "Begriffe" behandelt werden wie "gegenständliche Objekte". Präziser müßten wir sagen: die abstrakten Begriffe werden in der Alltagssprache behandelt wie A u s d r ü c k e, die gegenständliche Objekte d e n o t i e r e n, also Ausdrücke, die in der Sprache als Platzhalter für ein Objekt der Realität stehen. Das Pendant zu Denotation – nicht unbedingt sein Gegenteil – wird sodann als Konnotation bezeichnet. Allerdings sind diese beiden Begriffe der Metasprache schon umstritten oder zumindest n i c h t eindeutig. Wie sieht das beispielsweise im Folgenden aus: Kann ich behaupten, daß ein abstrakter Begriff nur etwas beim Sprecher/Hörer in dessen Verstand konnotiert, während der Name eines Gegenstandes bei ihm sowohl etwas denotiert als auch konnotiert? Die klassischen sprachlichen Ausdrücke in diesem Zusammenhang sind "Morgenstern", "Abendstern" und "Venus". Kompliziert wird die Schwierigkeit zusätzlich, wenn wir in der Metasprache zwischen "Sinn" und "Bedeutung" eines Ausdrucks unterscheiden, wie dies bei obigen Beispielen zur angeblichen Verdeutlichung der Differenzierung getan wird. Als "Bedeutung" definiert man gängigerweise das konkrete Objekt, das durch den jeweiligen Ausdruck denotiert wird, das heißt, der tatsächliche Planet, den die Ausdrücke "Morgenstern", "Abendstern" und "Venus" beschreiben, oder besser: ihm verschiedene Sinne verleihen.

Eine weitere Möglichkeit, jenen Sachverhalt zu umreißen, wäre zu sagen: Die Wörter "Morgenstern", "Abendstern" und "Venus" haben alle dieselbe Bedeutung, sie denotieren dasselbe Objekt, wir verbinden jedoch einen anderen Sinn mit jedem der drei Wörter, welche in unserem Verstand unterschiedliche Konnotationen hervorrufen.

Ein recht simples Exempel wie gerade dieses vermag also klar zu zeigen, wie komplex analytisch wir vorzugehen haben, um einer sprachlichen Äußerung die potentielle Mehrdeutigkeit zu entziehen. Selbstverständlich tut dies niemand im Alltag, zumal das viel zu viel Zeit kostete für eine effektive Kommunikation. Aber sobald wir – wie mit dem eben niedergeschriebenen Satz – wieder zur "Tagesordnung" übergehen, gleiten wir erneut in semantisch tiefes Fahrwasser. Die Frage stellt sich zwangsläufig: Was denotiert das Nomen "Zeit"? Eine

Reihe gedanklicher Assoziationen bilden sich unverzüglich in unserem Verstand dazu, die aber immer sprachlicher Natur bleiben. Es spielt dabei keine Rolle, ob ich sage, daß ein lebender Organismus Zeit als Vergänglichkeit seiner Physis empfindet, um den Ausdruck "Zeit" zu erklären, sondern der wichtigste Aspekt hier ist, **daß** ich mich überhaupt erkläre. Wir sind gezwungen, ohne Unterlaß Rekurs auf die Sprache zu nehmen: Wir definieren Sprache durch Sprache. Um es mathematisch zu formulieren: Die Sprache als Menge beinhaltet sich selbst; dies ist eine Regel, die derjenigen der Arithmetik widerspricht, wo eine Menge n i c h t sich selbst beinhalten kann / darf. Wir könnten also überspitzt oder provokativ behaupten, daß Sprache – indem sie sich durch sich selbst erklärt und sich somit als Menge selbst beinhaltet – sich selbst widerspricht. Durch eine derartige Ohnmacht setzt sich die Sprache selbst außer Kraft. Dennoch vermag die Sprache, unablässig Bilder beziehungsweise Vorstellungen im Verstand ihres aktiven oder passiven Benutzers zu erzeugen, die sich in der Gemeinschaft aller Verwender der Sprache in einem Maße ähneln müssen, damit eine fruchtbare Verständigung untereinander ermöglicht wird. Es ist, als ob in der Gesellschaft die u n t e r bewußte Vereinbarung gilt: Machen wir das Beste aus der sprachlichen Misere! Wir gehen sogar noch weiter und kaschieren sozusagen unser linguistisches Elend, indem wir die Sprache in ihrer Kunstform der Literatur mit zahlreichen Stilmitteln und -figuren aufblähen, die uns aber im Prinzip nur ablenken, so wir unserem wahren Wesen auf die Spur kommen wollen. Auch der Autor des vorliegenden Werks macht sich in dieser Hinsicht schon schuldig, wenn er in der Variation des Ausdrucks Tatsachen verschleiert, allein um konventionellen Stilnormen gerecht zu werden, wofür die Phrase "wahres Wesen" im vorangegangenen Satz ein geeignetes Beispiel wäre, da sie eigentlich für das Wort "Wirklichkeit" steht. Abermals wird ein Bild, eine Vorstellung in unserem Verstand erzeugt. Die Definitionsversuche beginnen: Wirklichkeit ist alles, "was der Fall ist"; Wirklichkeit ist das, was wir außerhalb unserer eigenen Person wahrnehmen; Wirklichkeit kann jedoch auch das Ich sein, wie wir es selbst wahrnehmen; Wirklichkeit ist das, was die Sprache intersubjektiv zu beschreiben vermag.

Dies wären einige wenige Ansätze, um sich der Bedeutung sowie auch dem Sinn des Ausdrucks "Wirklichkeit" anzunähern. Wie allerdings unschwer zu bemerken ist, widersprechen sich die hier gegebenen Definitionen eventuell untereinander: wenn wir etwa sagen, daß die Wirklichkeit alles ist, was "der Fall ist", implizieren wir damit, daß es sich um etwas handelt, was außerhalb unserer Wahrnehmung unabhängig existiert, wohingegen die anderen Definitionen dies nicht voraussetzen. Die Sprache hat uns an dieser Stelle erneut in eine ihrer unzähligen Fallgruben hüpfen lassen: "Implikation" bedeutet mangelnde Eindeutigkeit; wir drücken uns also mehrdeutig aus, wenn wir eine Implikation entdeckt zu haben glauben.

Abgesehen von einem solchen weiteren Stolperstein, der sich uns auf der allumfassenden sprachlichen Ebene in den Weg stellt, sind wir in der obigen Darstellung thematisch bei Immanuel Kant gelandet, der postuliert, daß wir nichts Definites über die außerhalb von uns gegebene Wirklichkeit, das "Ding an sich", aussagen können. Wir vermögen demgemäß lediglich Aussagen über das W a h r g e n o m m e n e der Außenwelt zu treffen. Die sogenannte Transzendentalphilosophie des Königsberger Denkers kreiert auf diese Weise zusätzliche Komplexitätsebenen: Haben wir bereits die Verwirrungen aufgedeckt, für welche die Sprache verantwortlich zeichnet, so erweitert Kant dies auf das durch die Sprache Beschriebene – wir müssen demzufolge zwei Aspekte unterscheiden: das Realitätsproblem der Sprache einerseits, aber andererseits auch das Realitätsproblem der Realität!

Sofern wir allerdings das Letztgenannte untersuchen, meinen wir aber, das Erstgenannte bereits gelöst zu haben, wir akzeptieren also, daß die Sprache ein unvollkommenes Mittel bereitstellt, um sich präzise mit der außersprachlichen Wirklichkeit auseinanderzusetzen. Unter diesem Vorbehalt sind die hier angestellten Analysen sowie Interpretationen zu verstehen.

Das Wort "Interpretation" trifft vielleicht den Sachverhalt am besten: Wir interpretieren die Welt mit unserer Sprache, die selbst ein Teil dieser Welt ist. In einer solchen Interpretation gibt es keine absolute Wahrheit, nur eine solche, die am adäquatesten w i r k t, um mit der wahrgenommenen und mittels der Sprache beschriebenen Welt zurechtzukommen. Dabei können uns Erkenntnistheorien verschiedener Epochen womöglich zu Hilfe kommen. So bildet dann eben Immanuel Kants Transzendentalphilosophie das Fundament: sie wird gemeinhin definiert als die Untersuchung bzw. Formulierung der "Bedingungen der Möglichkeit von Erkenntnis".

Was wir im Hinblick auf jene Definition bei unserer Analyse von Kants epistemologischen Grundsätzen zu keinem Zeitpunkt vergessen dürfen, ist die Tatsache, daß gerade die Sprache die grundsätzlichste, wichtigste Bedingung der Möglichkeit von Erkenntnis bereitstellt. In der Definition der Transzendentalphilosophie wird das ganz einfach präsupponiert, vorausgesetzt, ohne explizit thematisiert zu werden. Die Sprache taucht sozusagen in der Liste der sogenannten "a priorischen", vor aller Erfahrung gegebenen Verstandeskategorien bzw. Anschauungsformen nicht auf, die dazu erforderlich sind, um Wissen überhaupt zu ermöglichen.

Nun könnte man aber auch wieder darüber debattieren, ob Sprache "a priori" in uns vorhanden, uns vor aller Erfahrung gegeben ist. Eine solche Frage wirft uns genau dahin zurück, wo wir unsere Überlegungen begonnen haben: wir sind über ein sprachliches Problem gestolpert – hier vor allem: der Ausdruck "Erfahrung". Was verstehen wir unter Erfahrung? Wir nehmen etwas wahr und verbuchen diese Erfahrung in unserem Gedächtnis für zukünftige Bezugnahme darauf, um sie mit anderen Erfahrungen zu vergleichen, damit wir entsprechend auf dieses oder jenes Ereignis reagieren können. Hierbei spielen wiederum mehrere Dinge eine Rolle: Wie nehme ich wahr? Wie verarbeite oder verbuche ich die entsprechende Erfahrung in meinem Gedächtnis oder

Verstand? Kann ich überhaupt ohne vorherige Erfahrung bewußt wahrnehmen? Nun habe ich den Ausdruck "bewußt" eingefügt, der schon wieder ein zusätzliches Problem generiert, ohne den allerdings der Begriff der Wahrnehmung ebenfalls kaum denkbar scheint. Beim Wort "denkbar" im letzten Satz wird die Kette aus Schwierigkeiten fortgeführt. Es sieht bei den obigen Vorüberlegungen ganz so aus, als ob ich zwischen Sprachen verschiedener Ordnung hin- und herschwanke, wobei eine konkrete Klassifikation jener Ordnungskategorien wiederum kaum zu bewältigen ist.

Versuchen wir aber dennoch ganz zu Beginn hier, eine improvisierte Rangliste von Sprachen aufzustellen sowie dies ebenfalls intuitiv zu begründen. Welche könnte also die Sprache erster beziehungsweise oberster Ordnung sein? Dafür käme alleine diejenige in Betracht, welche den höchsten Präzisionsgrad aufweist: die Sprache der Mathematik, deren Axiome und Beweise für unser intellektuelles Vermögen unanfechtbar scheinen; wir sind nicht in der Lage, uns exakter als mit mathematischen Sätzen "auszudrücken".

Etwas an ihrer Eindeutigkeit verliert die Sprache der Mathematik in ihrem prominentesten Anwendungsgebiet, nämlich demjenigen der Physik, die man als exakteste aller Naturwissenschaften bezeichnen könnte. Der Verlust an Präzision in der Sprache der Physik ist auf den Einfluß der konkreten Beobachtung der Außenwelt durch den Wissenschaftler zurückzuführen. Dennoch: die Realität der Außenwelt muß von diesem Beobachter angenommen werden, ohne dies zu problematisieren. Für ihn gilt gar der Begriff der Materie als "a priori", vor aller Erfahrung gegeben. Ohne diese Annahme existierte das ganze naturwissenschaftliche System nicht.

Indem ich allerdings über den Naturwissenschaftler rede, verwende ich bereits eine Sprache geringerer Ordnung, die noch nicht einmal diejenige der nächstuntersten Stufe darstellt. Mindestens zwei befinden sich sozusagen zwischen ihr und derjenigen der Physik.

Der für die nächstfolgende Sprachebene entscheidende Begriff wurde bereits erwähnt: die Materie. Die Chemie klassifiziert die Materie, die wir auch gerne als "tot" ansehen.

Gehen wir sodann einen Schritt weiter nach unten, gelangen wir zur Sprache der Biologie, welche sich mit der (physiologischen) Beschreibung der "lebenden Materie" beschäftigt.

Sobald wir aber diese Stufe verlassen, wird die Sprache und somit ihre Begrifflichkeit um einiges vager – wir meinen hier diejenige hinsichtlich des Verhaltens eines komplexen Organismusses. Wir erreichen auf unserem Weg nach unten das Erdgeschoß, um es metaphorisch auszudrücken: hier verwenden wir die Sprache der Psychologie oder, um eine nicht unumstrittene Gleichsetzung zu gebrauchen, die Sprache des Alltags beziehungsweise der Alltagspsychologie.

Was aber finden wir schließlich im Keller unseres Sprachhauses vor? Ganz offensichtlich ist es die komplett uneindeutige Begrifflichkeit der ("reinen") Metaphysik. Prominenteste Beispiele für metaphysische Ausdrücke sind "Gott", "Wille", "Unsterblichkeit", "Glückseligkeit", "Vollkommenheit" und so weiter.

Es muß hier betont werden, daß eine derartige Skalierung von Sprache mehr als idealisierte Veranschaulichung dient, als daß sie wie eine axiomatische Klassifizierung zu verstehen wäre: Die Sprache im gemeinen Gebrauch tendiert dazu, geradezu wahllos zwischen solcherlei Abstufungen hin- und herzulavieren, diese also willkürlich und unsystematisch zu vermengen – ein Mißstand, der eben zu den offensichtlich in epidemischem Ausmaße sich vermehrenden Widersprüchlichkeiten des modernen Lebens führt.

Nicht von Ungefähr kommt in diesem Zusammenhang die Auswahl der Autoren, die im Rahmen der vorliegenden Untersuchungen besprochen beziehungsweise analysiert werden sollen: zum Ersten Immanuel Kant mit seiner als erkenntnistheoretischer Klassiker zu bezeichnender Schrift "Prolegomena" – salopp zusammengefaßt, eine vereinfachte Version seines Hauptwerks "Kritik der reinen Vernunft". Wir stellen Kant an den Beginn der Betrachtungen im Sinne der Chronologie, nicht jedoch in thematisch-argumentativer Hinsicht, was die obigen Ausführungen eventuell nahelegten.

Eine zeitlich kohärente Abhandlung der betreffenden Autoren mag wohl insbesondere bei den beiden "Philosophen" hervorheben, daß sich bei zeitlichem Fortschritt durchaus ein inhaltlicher Rückschritt ergeben kann, wozu wir aber später noch im Detail gelangen.

Zum Zweiten wollen wir Arthur Schopenhauers "Die Welt als Wille und Vorstellung" (Band 1) näher untersuchen, eben insbesondere unter dem Gesichtspunkt, inwiefern dessen Hauptaussagen sich von denjenigen Kants inhaltlich wie auch sprachlich-begrifflich unterscheiden beziehungsweise wie sie sich gewissermaßen "zurück"-entwickeln hin zu einer mystifizierenden Metaphysik.

Nach Schopenhauer verlassen wir sodann das Feld der paradigmatischen philosophisch-erkenntnistheoretischen Systeme und wenden uns den eher zeitgemäßen Naturwissenschaften zu. Dabei scheint vor allem der Biologe und Verhaltensforscher Konrad Lorenz relevant zu sein, zumal er in einem ebenfalls als klassisch einzuordnenden Artikel aus dem Jahre 1941 ausdrücklich Bezug auf Kants Apriori-tätslehre nimmt und diese auf evolutionstheoretische Befunde anpaßt.

Zur Abrundung der Thematik ziehen wir schließlich die Argumentationen eines "knallharten" Naturwissenschaftlers heran: mit Erwin Schrödingers "Mind and Matter" analysieren wir eine Schrift, die Erkenntnistheorie traditioneller Prägung und gegenwärtige Philosophie des Geistes mit moderner Physik in Einklang zu bringen trachtet.

Bei der Analyse der vier Texte wollen wir desweiteren niemals die Abstufung der Sprache, wie sie eben vorgeschlagen wurde, aus den Augen verlieren: die Frage, die wir uns diesbezüglich stellen, ist dementsprechend, auf welchen Sprachebenen sich Kant, Schopenhauer, Lorenz und Schrödinger bewegen. Das Ziel einer derartigen Vorgehensweise soll folglich nicht sein, ein Problem zu lösen, sondern es vielmehr zu verdeutlichen. Um an dieser Stelle einer Metapher Konrad Lorenzens vorzugreifen, sie sogar möglicherweise zu mißbrauchen, könnten wir als Arbeitshypothese der anzustellenden Untersuchungen einfach postulieren, daß die Sprache die Schienen bereitstellt, auf welchen sich der Zug Mensch durch die ihn umgebende Welt bewegt.

Immanuel Kant:
"Prolegomena zu einer jeden künftigen Metaphysik [sic] die als Wissenschaft wird auftreten können" (1783)

Allein der Titel, den Immanuel Kant seiner Schrift gegeben hat, verlangt vor einer genaueren Analyse nach einer grundlegenden Definition. Es ist demnach die sogenannte Metaphysik, die Kant am Herzen liegt. Was also soll man unter "Metaphysik" verstehen? Der Ursprung des Ausdrucks ist in der griechischen Sprache zu finden, wo die Präposition "meta" so viel bedeutet wie "danach", "hinter" oder auch "jenseits". "Physis" auf Griechisch kann sodann mit "Natur" beziehungsweise "natürliche Beschaffenheit" übersetzt werden, wie uns die entsprechende Erklärung auf *Wikipedia* völlig korrekt belehrt.

Die Metaphysik beschäftigt sich folglich mit Dingen, die "jenseits der Natur" zu finden sind. Vielleicht ist dies bereits falsch formuliert: kann ich Dinge "finden", die "jenseits" oder "hinter" der Natur "sind"? Sprechen wir hier nicht schon von "Undingen" oder – wie es eine andere Online-Definition nahelegt – von "nicht erkennbaren Dingen des Seins"?

Man ist versucht, Kants "Prolegomena" demnach von Beginn an als ein fruchtloses Unterfangen abzutun, zumindest vom wissenschaftlichen Erkenntnisstand knapp zweieinhalb Jahrhunderte später zu urteilen, da man sich unverzüglich die Frage stellt, wie eine Wissenschaft von den "unerkennbaren Dingen des Seins" möglich sein soll.

Beachtlicherweise vertritt Kant offenbar eine derartige kritische Position gegenüber der Metaphysik, wenn er ihr ganz zu Beginn der "Prolegomena" in der Vorrede bereits vorwirft, "sich groß zu tun", sich folglich als Wissenschaft aufspiele und damit womöglich den menschlichen Verstand aufs Gröbste täusche "mit unerfüllten Hoffnungen". Beachtlich ist Kants Haltung, der Metaphysik skeptisch zu begegnen, allein schon deshalb, weil er gläubiger, praktizierender Christ war. Vielleicht rührt es aber auch daher, daß er die Metaphysik doch ernst nehmen will, um sie einer "objektiven" Analyse zu unterziehen, ob sie den Kriterien einer wahren Wissenschaft standzuhalten in der Lage ist.

Einen grundsätzlichen Makel sieht Kant im nicht-existenten Fortschritt in der Metaphysik, so man sie mit den anderen Wissenschaften vergleiche: man trete dort sozusagen auf der Stelle, drehe sich im Kreise. Er prangert einen

Mißstand in der Metaphysik an, da er ihr unterstellt, ein Tummelplatz für Ignoranten zu sein, die ansonsten nirgendwo mitreden könnten, wo es um substantielle Dinge gehe. Hier impliziert Kant eben das, was eigentlich die Grundschwierigkeit darstellt: die Vermengung von unterschiedlichen Sprachebenen. Der Metaphysiker – um es profan auszudrücken – bedient sich einer möglicherweise unzulässigen Mischform von Sprache. Er formuliert wissenschaftlich auf einer alltäglichen Ebene unter Zuhilfenahme vager Begriffe: er tut so, "als ob" er ein Wissenschaftler sei.

Bewegen wir uns in Kants Vorrede zu den "Prolegomena" etwas weiter, deutet sich an, daß Metaphysik aus seiner Perspektive mehr ist, als es die obigen Definitionsversuche umreißen. Er bringt einen für ihn zentralen Kategorienbegriff ins Spiel, nämlich denjenigen von Ursache und Wirkung. Mit Absicht wird hier betont, daß es sich im Prinzip um einen und nicht zwei Begriffe handelt, zumal im alltäglichen Verständnis beide Ausdrücke unmittelbar verbunden sind. Man sagt, ohne Ursache gibt es keine Wirkung und umgekehrt: die Wirkung folgt notwendigerweise aus der Ursache. Kant bezieht sich in seinen Ausführungen auf den britischen Empiristen David Hume, dem er es verdanke, ihn quasi aus einem dogmatischen Schlummer erweckt zu haben, indem er nachweise, daß es keinerlei Verbindung zwischen Ursache und Wirkung gebe – aus einem Post Hoc (etwas passiert, nachdem etwas anderes zuvor passiert ist) folgt nicht notwendigerweise ein Propter Hoc (etwas passiert, weswegen in der Folge etwas anderes passiert).

Kants Schilderungen bezüglich der Kausalität (Ursache und Wirkung beziehungsweise "wenn…, dann…") lassen uns also erahnen, daß Metaphysik für ihn über das vor allem spätere Verständnis davon weit hinausgeht. [NB: Das Kausalitätsprinzip liefert uns im Übrigen ein ideales Beispiel bezüglich der Sprachverwirrung, auf welche oben hingewiesen wurde sowie gleichermaßen auf die zeitliche Komponente, die sich allenthalben als äußerst problematisch erweist: der Grundsatz von Ursache und Wirkung wird in der Alltagssprache mit den Konjunktionen "wenn…, dann…" ausgedrückt wie etwa in dem Satz "Wenn es regnet, dann nehme ich einen Regenschirm mit.". Mitentscheidend ist hier nun die Zeit. Man könnte ebenso von einer zeitlichen Bedingung sprechen, wofür die Konjunktion "dann" insbesondere ein Indiz bietet. Für das alltagssprachliche "wenn…, dann…" bildet die sogenannte logische Implikation keinesfalls ein Äquivalent in der Mathematik (vorausgesetzt, wir akzeptieren, daß die Formale Logik Teil der Mathematik ist), es wird nur als Ausdrucksweise beziehungsweise Platzhalteretikett verwendet. Sage ich "p → q" (gesprochen: "wenn p, dann q") in der Aussagenlogik, meine ich mitnichten das Kausalitätsprinzip, zumal ich dem Satz Wahrheitswerte zuweise, die der Alltagswelt nicht entsprechen. In der Aussagenlogik gilt: bei der (logischen) Implikation ist die Gesamtaussage falsch, wenn der Bedingungssatz wahr und der Folgesatz falsch ist.[1] Selbst bei dieser Erklärung verwende ich wieder das alltagssprachliche "wenn…, dann…"! Die Verwirrung scheint komplett. Wir müssen dementsprechend festhalten, daß mit dem Kausalitätsprinzip vorsichtig umzugehen ist: die Sprachebene entscheidet hauptsächlich sowie zudem ein Zeitfaktor, den wir aus der Alltagssprache nicht wegzudenken vermögen!]

Gegen Ende der Vorrede antwortet Kant schließlich auf Kritiker seines Hauptwerks *Kritik der reinen Vernunft*, dem Ausuferung auf unverständliches sprachliches Niveau vorgeworfen wurde. Die Replik darauf bildet, wie er andeutet, eben nun seine Schrift "Prolegome-

---

[1] Vergleiche weiter unten die Diskussion von Schopenhauers Einstellung zur Logik.

na", was auch der eigentliche Beginn des Textes verdeutlicht, wo Kant völlig grundlegende Dinge darstellt. Nicht umsonst betitelt er den Anfang mit dem Wort "Vorerinnerung" und nicht "Einleitung".

Jene Vorerinnerung befaßt sich dann mit dem "Eigentümlichen aller metaphysischen Erkenntnis". Was versteht Kant demzufolge als Metaphysik? Es scheint das zu sein, was man gemeinhin als Erkenntnistheorie oder Epistemologie, die Lehre vom Wissen, klassifiziert. Die Grundfrage könnte man also umformulieren in: "Was wissen wir über das Wissen?"

Unglücklicherweise beginnt Kant seine Schrift mit einem nicht ungravierenden Ausdrucksfehler, da er mit dem Bedingungssatz anhebt "Wenn man eine Erkenntnis als Wissenschaft darstellen will". Eher spöttisch geneigt, könnte man hier bemerken, daß eine Erkenntnis noch längst keine Wissenschaft ausmacht. Wohl sei das Wort "Erkenntnis" durch die Phrase "Erkenntnisse aus spezifischen Studien" zu ersetzen; allerdings begegnen wir ohnedies einer definitorischen Schwierigkeit: Ist eine Erkenntnis nicht erst dann eine Erkenntnis, wenn sie wissenschaftlich erwiesen wurde? Wir stehen vor einem urmenschlichen Problem: Was war / ist zuerst da – die Erkenntnis oder die Wissenschaft? Man beachte erneut die zeitliche

Komponente: wir sprechen von "zuerst" und "danach" – es gibt in keinerlei Hinsicht eine Gleichzeitigkeit, obwohl wir in unserem wissenschaftlichen Vorgehen eine solche "ständig" voraussetzen oder implizieren!

Abgesehen davon, kommt der Begriff der Erfahrung ins Spiel: in Kants Ausdrucksweise erschließt sich die Metaphysik ihre Erkenntnisse jenseits der Erfahrung; es handelt sich um eine Aprioritätslehre – welche Erkenntnisse besitzen wir vor aller Erfahrung, oder variiert: was für ein Wissen ziehen wir aus "reinem Verstand" beziehungsweise "reiner Vernunft", lautet danach die fundamentale Frage. Metaphysik im Kantischen Ermessen wäre also reine Vernunftlehre, deren Erkenntnis [NB: Kant benutzt offenbar pointiert den Singular in diesem Zusammenhang.] "lauter Urteile a priori enthalten" müsse.

Als äußerst unglücklich muß hier die Wahl des Ausdrucks "Urteil" bezeichnet werden, zumal das Wort das Gegenteil von "a priori" impliziert: wenn wir ein Urteil "fällen", dann haben wir bereits "Vor"-Kenntnisse, aus denen wir eben das Urteil als Folgerung ziehen. Kant hätte hier also vielleicht von "Axiomen" sprechen sollen.

Jedenfalls führt dieses Postulat Kant sodann zu seiner aufwendigen Differenzierung von "synthetischen" und "analytischen" Urteilen, eine Unterscheidung, von deren Sinn man nicht unbedingt überzeugt sein muß, wenn es darum geht, die Dinge auf unkomplziertem Niveau beizubehalten, ohne jegliche Redundanzfaktoren einzuführen.

Was trennt nun analytische von synthetischen Urteilen? Analytische Urteile seien, so Kant, stets a priori, sie gelten vor aller Erfahrung, sie sind demgemäß definitorischer Natur wie beispielsweise der Satz "Alle Körper sind ausgedehnt." – das Prädikat der Ausgedehntheit ist im Begriff des Körpers bereits vorhanden; der Begriff des Körpers ist ohne die Eigenschaft des Ausgedehntseins nicht denkbar; ich benötige keinerlei Erfahrung, um zu wissen, daß ein Körper ausgedehnt ist. Oder nicht? Kants Exempel ist entweder unglücklich gewählt, oder es gibt kein besseres. Beginnen wir von vorn: Wie bilde ich meinen Begriff von einem "Körper"? Ich benötige Sprache dazu, doch die Sprache muß sich ebenfalls erst entwickeln mit Hilfe von Erfahrung! Allerdings ist nicht allein Erfahrung notwendig, damit ich meine Sprache entwickle, zumal die Erfahrungswerte, die ich während meiner Sprachbildung sammle, nicht ausreichen, damit ich die komplexen Strukturen der Sprache aufbaue. Es muß angeborene Mechanismen geben, die durch solche Erfahrungswerte ausgelöst werden.

Nun können wir Kant nicht vorwerfen, daß er Derartiges ignoriert, zumal er zwei Jahrhunderte vor der Zeit lebte, während derer betreffende "Erkenntnisse" zu Tage traten beziehungsweise diskutiert wurden. Faszinierend wäre es zu sehen, was Kant an seinem System geändert hätte, wenn er in Debatten jener Gestalt involviert gewesen wäre. Die Konsequenz müßte sein, daß er sich fragen sollte, wo sich letztendlich das ursprüngliche A PRIORI befindet: es können dies keinesfalls erst seine analytischen Urteile sein, sondern eigentlich bereits das, was solchen Urteilen zugrundeliegt, nämlich angeborene sprachliche Strukturen.

Auf diese Weise erscheint eine Fortführung der Kantischen Apriloritätslehre beinahe fruchtlos, wenn er sich im Weiteren mit dem Problem auseinandersetzt, ob es sogenannte synthetische Urteile, die a priori sind, gebe. Kant bejaht das und führt die Mathematik mit ihren Sätzen / Axiomen an. Sein klassisches Beispiel stellt die Gleichung "7 + 5 = 12" dar. Hierbei handele es sich um ein Urteil a priori, wir benötigen keine Erfahrung, um die Wahrheit des Satzes einzusehen, so Kant. Das Urteil sei synthetisch, zumal das Prädikat ("12") dem

Subjekt ("7+5") einen Erkenntniswert hinzufüge.

Wir wollen hier nichts zur kontroversen Diskussion beitragen, die seit Kant über diesen Gegenstand geführt wurden, sondern vielmehr nur vorschlagen, daß die Frage als solche, ob es synthetische Urteile a priori gebe, uns in keiner Weise weiterbringt. Es spielt keine Rolle, ob es derartige Urteile gibt, da es der Problematik am Fundament mangelt. Wir befinden uns auf einer metasprachlichen Ebene, die sich mit semantischen Fragen über eine weitere Metasprache beschäftigt.

Das Beispiel der obigen simplen mathematischen Gleichung erinnert desweiteren an die Unterscheidung zwischen Denotation und Konnotation beziehungsweise zwischen Sinn und Bedeutung: Der Sinn des Ausdrucks "7+5" ist ein anderer als derjenige der Zahl 12, obgleich die Bedeutung der beiden identisch ist. Ähnlich verhält es sich mit der Konnotation: mit "7+5" konnotiere ich etwas anderes als mit "12" - "7+5" summiert zwei Zahlen, während "12" sozusagen eine einzige Zahl "ist". Die Denotationen (die Werte) der beiden Ausdrücke wiederum zeigen keinen Unterschied.

Wie dem auch sei: Kant hält die Differenzierung von analytischen und synthetischen Urteilen für "unentbehrlich" (270)[2], wobei für ihn noch zusätzlich überaus große Relevanz darin liegt, daß es synthetische Urteile a priori gebe.

Nachdem er damit einen fundamentalen Grundsatz seiner Transzendentalphilosophie erläutert hat, beschäftigt er sich mit der etwas rätselhaft anmutenden Frage, ob Metaphysik "überall möglich" sei. Insbesondere das "Überall" muß unklar wirken. Bevor Kant die Frage zu beantworten versucht, präzisiert er sein Verständnis von Metaphysik ein wenig, indem er als ihren "vornehmsten Zweck […] die Erkenntnis eines höchsten Wesens und einer künftigen Welt" (271) charakterisiert. Dies allein bietet genügend Angriffsfläche für den Kritiker, zumal die Formulierung Kants voraussetzt, daß es ein **Wissen** um ein höchstes Wesen gibt. Damit wendet er praktisch die Sprache der Mathematik, also die Sprache höchster Ebene, auf diejenige der Phantasieobjekte (absolut niederste Ebene) an. Er hypostasiert diese Sprache, stellt sie mit jener der Mathematik gleich. Es kommt noch schlimmer im Zusatz, den er seiner Zweckdefinition von Metaphysik anfügt: Er nimmt grundsätzlich

---

[2] Seitenangaben in Klammern - hier wie auch im Folgenden - beziehen sich auf die in der Bibliographie aufgeführten Ausgaben der jeweils besprochenen Autoren.

an, daß solche Erkenntnis eines höchsten Wesens aus "Prinzipien der reinen Vernunft" bewiesen werden könne – eben so, wie wir mathematische Sätze zu beweisen imstande sind.
Einschränkend gesteht Kant aber ebenfalls ein,
daß das Unterfangen, Metaphysik als Wissenschaft zu betreiben, dafür verantwortlich zeich-
ne, daß sich "früh" der Skeptizismus formiert
habe, den er zutiefst verachtet. Er rekurriert
wieder und wieder auf Vernunftprinzipien,
ohne letztendlich völlig zu klären, was Vernunft überhaupt sei (siehe unten Schopenhauers Kritik an Kant). Gegen seine Herangehensweise an die Thematik wäre vorzubringen, daß
es eben diese Vernunft ist, die uns verbietet,
Metaphysik in solcherlei Gestalt prinzipiell
ernstzunehmen. Wenn Kant die Vergangenheitsform wählt, da er sagt: "[…] so schwamm
Metaphysik obenauf wie Schaum […]" (272)
und damit wohl meint, wie Metaphysik sozusagen eine Art Abfallprodukt der Naturwissenschaft gewesen sei, will er einem solchen
Dasein jener Schein-Wissenschaft ein Ende be-
reiten. Einerseits lehnt Kant jeglichen Dogmatismus (wie auch Skeptizismus) kategorisch ab,
doch verlangt er von seinem

"entschlossenen Leser, sich nach und nach in
ein System hineinzudenken, was noch nichts

als gegeben zum Grunde legt außer die Vernunft selbst [...]." (274)

Das mag zwar im Ansatz undogmatisch klingen, aber Kant spricht von einem System: Wie kann einem System nichts zugrunde liegen? Ein System muß auf Dogmen basieren, um zu funktionieren. Und selbst wenn dieses Fundament einzig die Vernunft wäre, bliebe immer noch zu klären: Was ist die Vernunft? Woher kommt sie? Wobei wir erneut zur Sprache gelangen: Ohne sie gibt es keinen Begriff von Vernunft. Wollen wir uns einer Aprioritätswissenschaft widmen, so sind wir gezwungen, die Sprache als Urgrund jeglicher Begrifflichkeit zu setzen. Man beachte hier jedoch, daß Sprache, die man der Begriffsbildung auf solche Weise voranstellt, bei der Geburt eines Menschen keinesfalls als angeboren betrachtet werden darf. Die Sprache bildet sich im heranwachsenden Menschen durch die Interaktion mit der jeweiligen Umgebung, also durch das, was Kant "Erfahrung" nennen würde. Diese Sprachentwicklung wiederum ist unmöglich ohne ein materiell im Gehirn vorstrukturiertes Grundinventar für Sprache, welches eben von der den Menschen umgebenden Welt "ausgelöst" und desweiteren "ausgebildet" werden muß.

Was bedeutet das nun für die Prinzipien, die a priori gelten sollen? Sie werden zu Faktoren zweiter und dritter Kategorie degradiert – vor dem Kantischen A priori steht ein sprachliches A priori, und vor dem sprachlichen noch ein materielles: Die Materie bildet die Grundlage der Sprachfähigkeit; die Sprachfähigkeit gelte als Fundament zur Sprachausbildung, welche wiederum dafür verantwortlich ist, daß der Mensch Begrifflichkeit entwickelt.

Der gängigste Einwand an dieser Stelle könnte nun sein, daß der Materie-Begriff ebenfalls der Sprache entspringt, daß dementsprechend absolut kein Begriff als a priori gegeben gelten dürfe. Dem muß eigentlich stattgegeben werden, doch führt uns das zu einem nihilistischen Skeptizismus, dem – ganz im Sinne Kants – aus praktischen Gründen zu widersprechen sei: letzten Endes geht es um ein gewisses Welt-Verständnis, das ein potentieller nihilistischer Skeptizismus quasi im Keim erstickt. Die Erschließung der menschlichen Erfahrungswelt wäre bei Setzung einer derartigen Grundhaltung undenkbar. Dazu im Gegensatz erscheint eine solche Erschließung mit der Annahme einer materialistischen A-Prioritätsregel am einfachsten möglich. Dennoch bleibt die Frage offen, ob ich einen Begriff der Materie a priori, vor aller Erfahrung, vor aller Sprache besitze.

Die Antwort erfolgt mit Hilfe von Beobachtung, die in Erfahrungsurteilen sprachlich formuliert wird: ein Lebewesen sei sich der Schwere und Ausgedehntheit seines Körpers bei der Geburt gewahr.

Im Unterschied zu Kant muß hier gesondert betont werden, daß Materie die Merkmale der Schwere und Ausgedehntheit **analytisch**, unausgesprochen, somit **zugleich** beziehungsweise a priori enthält: der Materiebegriff **präsupponiert** Schwere und Ausgedehntheit. Für Kant hingegen ist ein Körper in analytischer Hinsicht lediglich ausgedehnt, nicht aber schwer (266) – warum auch immer!

Kommen wir damit zurück zur zweiten allgemeinen Frage, die Kants *Prolegomena* bestimmt:

"Wie ist Erkenntnis aus reiner Vernunft möglich?" (275)

Wie oben bereits festgestellt wurde, gibt es so etwas wie "reine Vernunft" im Prinzip nicht, zumal die Sprache einer solchen vorausgeht und (größten?)teils aufgrund von Erfahrungswerten erworben wird. Vernunft (im Kantischen Verständnis) müßte sich also entwickeln, könnte nie "rein" sein. Kant hingegen differenziert zwischen "reiner Vernunft" und Erfahrung. Letztere definiert er als "nichts anderes als eine kontinuierliche Zusammenfügung (Synthesis) der Wahrnehmungen" (275). Er unterschlägt dabei den wichtigsten Aspekt, da er hinzufügen müßte: "in der Sprache"!

Vernunft erfordert Sprache, die wiederum der Erfahrung bedarf. Vernunft wird somit zur "Erfahrungssache", wenn wir es profan ausdrücken wollten. Vielleicht wäre es in diesem Sinne angemessener, zwischen "Vernunft aus Erfahrung" und "spekulativer Vernunft" zu unterscheiden. Im Zusammenhang mit der Metaphysik hätten wir es folglich mit "spekulativer Vernunft" zu tun, wobei es seltsam anmutet, so etwas überhaupt unter den Vernunftbegriff zu subsumieren.

Bereits in den Anfangsgründen von Kants *Prolegomena* sind demzufolge terminologische Unzulänglichkeiten aufzuspüren, die – so sie vom Leser akzeptiert werden – den Fortgang der Argumentation Kants praktisch unantastbar machen, somit – wie oben gemutmaßt wurde – eben zu einem Dogma. Kant kreiert, um es mit dem Ausdruck eines modernen Sprachphilosophen zu umschreiben, ein "Sprachspiel", dem sich der Leser zu fügen hat, damit das System stimmig bleibt.

Bei seiner Vorgehensweise vermengt Kant im Rahmen dieses Spiels Sprachen verschiedener Ordnung, nämlich diejenige seiner Metaphysik (oder Transzendentalphilosophie) mit denen von Mathematik und Naturwissenschaft, wie das folgende zentrale Zitat, das gegen Ende der Präliminarien der *Prolegomena* zu finden ist, belegen mag:

"Indem wir jetzt zu dieser Auflösung [der Frage, wie Erkenntnis aus reiner Vernunft möglich sei; RAH] schreiten und zwar nach analytischer Methode, in welcher wir voraussetzen, daß solche Erkenntnisse aus reiner Vernunft wirklich sind, so können wir uns nur auf zwei Wissenschaften der theoretischen Erkenntnis (als von der hier allein die Rede ist) berufen, nämlich r e i n e M a t h e m a t i k und r e i n e N a t u r w i s s e n s c h a f t; denn nur diese können uns die Gegenstände in der Anschauung darstellen, mithin, wenn etwa in ihnen eine Erkenntnis *a priori* vorkäme, die Wahrheit oder Übereinstimmung derselben mit dem Objekte *in concreto*, d.i. ihre W i r k l i c h k e i t zeigen, von der alsdann dem Grunde ihrer Möglichkeit auf dem analytischen Wege fortgegangen werden könnte." (279)

Von der Wissenschaft der "Wirklichkeit", der Naturwissenschaft, die sich mit konkreten Objekten befaßt, will Kant auf die "Funktionsweise" der Vernunft schließen, um dies dann wiederum anzuwenden auf die Metaphysik, um festzustellen, ob diese als Wissenschaft möglich sei.

Das wirkt zutiefst zirkulär, und lediglich Kants umständliche Ausdrucksweise läßt das im Ansatz plausibel erscheinen.

Wichtig im Zusammenhang mit diesem Zitat ist ebenfalls die Unterscheidung zwischen Konkretem und Abstraktem: Kant verwendet so auch den Begriff der Wirklichkeit, bleibt aber vorläufig eine Erklärung schuldig, was diese Wirklichkeit von der Welt der Abstrakta trennt. Wir sind angehalten zu spekulieren, daß diese "Welten" sich in der "reinen Vernunft" treffen.

Den Weg zur Beantwortung der Frage, ob Metaphysik als Wissenschaft möglich sei, beginnt Kant entsprechend, indem er als Vorbild die Mathematik nimmt, wie im obigen Zitat schon angedeutet wird. Er fragt, wie reine Mathematik möglich sei. Wollten wir darauf eine Antwort geben anhand unserer bereits oben angerissenen Kritik an Kant, müßten wir attestieren, daß Mathematik ohne die Sprache unmöglich ist. Mit dem Begriff der Mathematik ist jener der Quantität unmittelbar verbunden – das Zählen ist ein linguistischer Akt; die mathematische Begrifflichkcit kann ohne ihr sprachliches Fundament nicht gedacht werden; das Denken selbst stellt wiederum einen linguistischen Akt dar: wir bewegen uns abermals zirkulär in einer Argumentation, der man im Prinzip nicht zu widersprechen vermag.

Was hingegen meint Kant in seinem ersten Schritt, um die Frage zu beantworten? Er belehrt uns,

"[...] daß alle mathematische Erkenntnis dieses Eigentümliche habe, daß sie ihren Begriff vorher in der A n s c h a u u n g [sic] und zwar *a priori* [sic], mithin einer solchen, die nicht empirisch, sondern reine Anschauung ist, darstellen müsse, ohne welches Mittel sie nicht einen einzigen Schritt tun kann [...]." (281)

Diese Aussage steht und fällt nunmehr mit einer zufriedenstellenden Definition des Ausdrucks "Anschauung", an dem sich Kant im Folgeparagraphen versucht.

Doch erst zu obiger Formulierung, welche ohnehin bereits als problematisch, wenn nicht gar als schleierhaft zu bezeichnen ist: ein Begriff sei hier da, so Kant, vor aller Erfahrung, eben in der "Anschauung". Man fragt sich, wie Erfahrung ohne Anschauung möglich ist, aber auch umgekehrt! Ohne reflektierte Anschauung kann ich keine Erfahrung aufbauen. Es entsteht keinerlei Problem, wenn wir die Sprache vor der Anschauung wie auch der Erfahrung setzen, oder besser: die menschliche Sprachfähigkeit. Was in selbiger allerdings vorstrukturiert, also t a t s ä c h l i c h *a priori* "ist", entzieht sich bislang unseren forscherischen Mitteln.

Nun aber zu Kants Definition von "Anschauung":

> "Anschauung ist eine Vorstellung, sowie sie unmittelbar von der Gegenwart des Gegenstandes [der Anschauung; Anm. RAH] abhängen würde. Daher scheint es unmöglich, *a priori* u r s p r ü n g l i c h [s i c] anzuschauen, weil die Anschauung alsdann ohne einen weder vorher noch jetzt gegenwärtigen Gegenstand, worauf sie sich bezöge, stattfinden müßte und also nicht Anschauung sein könnte." (281/82)

In gewisser Weise setzt Kant den Begriff der Anschauung voraus, wenn er ihn definiert; er verfährt zirkulär, tautologisch, ohne für Klarheit zu sorgen. Indirekt gibt er auch das Dilemma zu, das eben kritisiert wurde: eigentlich ist jegliche Begrifflichkeit *a priori* **n i c h t** möglich. Ein Gegenstand muß der Anschauung vorausgehen – sei er auch ein Abstraktum; andererseits gelte es ebenso als unabdingbar, daß einer solchen Anschauung Erfahrung vorausgeht, Begrifflichkeit. Bevor ich anschaue, muß ich einen Begriff der Anschauung besitzen, somit Erfahrung. Erfahrungen wiederum sind erst möglich, so eine sprachliche Verarbeitung erfolgt ist.

Wir erkennen deutlich eine später thematisierte Problematik der sogenannten Wissenschaftstheorie: Verfahren wir bei der wissenschaftlichen Erschließung unserer Außenwelt induktiv oder deduktiv? Schließen wir von den auftretenden Phänomenen unserer Umgebung auf Gesetzlichkeiten, oder konstruieren wir zuerst Gesetzlichkeiten, bevor wir sie auf das, was um uns herum vorgeht, anwenden, das heißt, bevor wir sie verifizieren? Bekanntermaßen handelt es sich dabei um ein unentscheidbares Problem: unsere wissenschaftliche Methodik stellt eine Mischung aus Induktion und Deduktion dar – ohne Henne kein Ei, aber auch: ohne Ei keine Henne!

Mit seiner Interpretation von Anschauung sowie der Analyse von Urteilen (synthetischen und analytischen, a priori und a posteriori) glaubt Kant schließlich, den "Beweis" erbracht zu haben, daß "reine Mathematik […] als synthetische Erkenntnis *a priori* [sic]" möglich sei (283/84) – ein Anspruch, der keinesfalls zu überzeugen vermag.

Das andere wichtige Postulat Kants im Diskussionszusammenhang mit reiner Mathematik und Anschauung ist dasjenige, daß

"wir aber auch die Objekte nur erkennen, wie sie uns (unseren Sinnen) erscheinen können, nicht, wie sie an sich sein mögen." (283)

Dabei handelt es sich um Kants berüchtigte Unterscheidung zwischen dem "Ding-an-sich" und dem "Ding-als-Erscheinung", sein Axiom der Unmöglichkeit, die "wahre Natur" der sinnlich wahrnehmbaren Welt zu erschließen. Damit verfällt Kant in einen relativistischen Dogmatismus: man kann ihm nicht widersprechen.

Dieses, sein oberstes epistemologisches Gesetz wird durch die Geschichte der Physik im Prinzip bestätigt: Mit Hilfe immer ausgefeilterer Beobachtungstechnologien kommen wir Kants "Ding-an-sich" zwar stets genauer und genauer auf die Spur, aber eben durch eine solche ständig präziser werdende Observation werden wir uns genauso gewahr, daß wir längst noch nicht am Ende sind. Die "Verfälschung" (wenn wir es so nennen wollen) des "Dinges-an-sich" aufgrund unserer Beobachtungsmethoden geht nun sogar so weit, daß wir **auf-grund** dieser / unserer Beobachtung das "Verhalten" des "Dinges-an-sich" **beeinflussen**.

Demnach bemerken wir eine erneute Zirkularität der Verhältnisse: Warum sollten wir das "Ding-an-sich" nicht so wahrnehmen, wie es **wirklich** ist? Wenn das "Ding-an-sich" nicht so wäre, wie es ist, warum sollte ich es dann **anders** wahrnehmen, als es ist? Und warum sollte meine Wahrnehmungsapparat (siehe unten in der Diskussion von K. Lorenz) so ausgestattet sein, daß ich meine Umgebung nicht wirklich so perzipiere, wie sie ist?

Der Radikalschluß könnte dann nur sein, daß die Außenwelt pure solipsistische Illusion wäre.

Es müßte bei obiger Analyse deutlich geworden sein, in welchem Maße wir hier Wortspielereien betreiben, je nachdem, wie wir bestimmte Begriffe definieren. Kant erkennt das nicht, indem er damit fortfährt, empirische von reiner Anschauung zu trennen, indem er letztere als der ersteren vorausgehend postuliert: als primäre Beispiele reiner Anschauung nennt er die Begriffe von Raum und Zeit (284).

Zu weiterer Verwirrung mag Kants Ausbuchstabierung der "reinen Anschauung" als "bloße Form der Sinnlichkeit" führen, "welche vor der wirklichen Erscheinung der Gegenstände vorhergeht" (284). In nur einem Teilsatz gelingt es Kant, beim Leser völlige Ratlosigkeit in mehrerlei Hinsicht zu erzeugen. Der augenfälligste Widerspruch dabei ist die Wortkombination "wirkliche Erscheinung": Wie kann eine Erscheinung "wirklich" sein, insbesondere dann, wenn man behauptet, daß die letzte "Wirklichkeit" der Dinge für uns nicht wahrnehmbar ist? Das "Ding-an-sich" bleibt uns gemäß Kant verborgen, es bleibt in unserer Wahrnehmung ein "Ding-als-Erscheinung". Nun könnte man sagen, daß das "Ding-an-sich" für uns als "wirkliche Erscheinung" **wirkt**, aber wo wäre dann ein Unterschied zu der Formulierung, daß wir die Dinge so wahrnehmen, wie sie **wirklich** sind?

Kant verwickelt sich auf solche Weise in einem philosophisch-sprachlichen Netz, das nun zum ersten den Begriff der Wirklichkeit beinhaltet, aber dann zum zweiten nahtlos zum Zeitbegriff übergeht, indem die temporale Präposition "vor" verwendet wird: die "reine Anschauung" als "bloße Form der Sinnlichkeit" gehe der "wirklichen Erscheinung der Dinge" **vor**.

Interpretatoren mögen nun argumentieren, daß diese Präposition nicht temporal gemeint sei in einem metaphysischen Sinne. Wir wollen hier jedoch rein konkret argumentieren: demnach gibt es so etwas wie "reine Anschauung" überhaupt nicht, zumal eine solche zuerst die "sprachliche Verarbeitung" verlangt. Wenn ich eine "Anschauung", wie auch immer ich sie definiere, nicht sprachlich verarbeite, dann ist es keine Anschauung. Die zeitliche Komponente erhält bei dem ganzen **Prozeß** einen kontradiktorischen Aspekt. Nichts läuft gleichzeitig ab: Der Gegenstand ist **da**, und wenn wir wollen, könnten wir so weit gehen zu sagen, **damit** er **im Folgenden** wahrgenommen wird. Ich nehme ihn nun wahr, **s c h a u e** ihn (reflektierend, Sprache verwendend) **a n**. Ich benötige eine gewisse Erfahrung, um ihn überhaupt anschauen zu **k ö n n e n**, aber es müssen eben auch bereits Gegenstände **d a** sein (**v o r h e r**), die angeschaut werden **k ö n n e n**. Wir sehen, daß wir uns mit der zeitlichen Komponente in Widersprüche verstricken [Grundsätzlich nehmen wir die Dinge wahr, wie sie in der V e r g a n g e n h e i t **w a r e n**, das heißt wir leben tatsächlich in der **V e r g a n g e n h e i t**!]. Es bleibt dann der Spekulation überlassen anzunehmen, daß Kant derartigen Widersprüchen aus dem Weg gehen will, indem er **Z e i t** als einen a priorisch vorhandenen Verstandesbegriff setzt.

Nicht weniger kontrovers fährt Kant etwas später fort, wenn er die Frage in Angriff nimmt, wie reine Naturwissenschaft möglich sei (294ff). Er beginnt diesen Teil der *Prolegomena* mit seiner Definition von "Natur":

"N a t u r [sic] ist das Dasein der Dinge, sofern es nach allgemeinen Gesetzen bestimmt ist." (284)

Demnach inhäriert den Dingen das Gesetz (der Natur); dem Betrachter ist es demzufolge überlassen, deses Gesetz zu entdecken beziehungsweise zu formulieren. Im Prinzip beantwortet Kant also die Frage bereits durch seine

Natur-Definition. Andererseits widerlegt er damit ebenfalls das Postulat, das "Ding-an-sich" sei nicht so wahrnehmbar, wie es wirklich ist: sofern nämlich der Natur das Gesetz inhäriert, das wir nur zu entdecken brauchen, implizieren wir, daß auch die Beschaffenheit des "Dinges-an-sich" lediglich zu entdecken sei. Die Natur des "Dinges-an-sich" ist das Gesetz, das ihm innewohnt.

Etwas weiter in der Argumentation führt Kant sein Verständnis von Natur aus, indem er sagt:

> "Natur also, *materialiter* [sic] betrachtet, ist der Inbegriff aller Gegenstände der Erfahrung [sic]." (295)

Das entscheidende Wort in dieser Passage ist demnach "materialiter", welches in gewisser Weise Kants Idealismus von Grund auf entkräftet: Die Natur ist Materie in Gestalt der Gegenstände der Erfahrung; unsere Erfahrung basiert auf Materie. Die Materie liefert uns überhaupt die Möglichkeit von Erfahrung. Sodann nehmen wir die Materie (in Gestalt der Gegenstände) wahr und verarbeiten sie (sprachlich) in dem, was Kant als "Erfahrung" bezeichnet. Wir bemerken – nicht nur an dieser Stelle -, daß wir Kant mit dem, was er selbst formuliert, das Wort im Munde herumzudrehen verstehen. Das Sprachspiel, dessen er sich in seiner Transzendentalphilosophie bedient, ist mehrdeutig und unpräzise. Er vermengt metaphysische mit naturwissenschaftlicher Sprache und versteht es dadurch, Konfusion zu stiften.

Das verschärft sich im Folgeparagraphen des obigen Zitats, wo Kant wiederholt für völlige Ratlosigkeit beim Leser sorgt:

"Das Formale der Natur in dieser engeren Bedeutung ist also die Gesetzmäßigkeit aller Gegenstände der Erfahrung und, sofern sie *a priori* [sic] erkannt wird, die n o t w e n d i g e [sic] Gesetzmäßigkeit derselben. Es ist aber eben dargetan, daß die Gesetze der Natur an Gegenständen, sofern sie nicht in Beziehung auf mögliche Erfahrung, sondern als Dinge an sich selbst betrachtet werden, niemals *a priori* [sic] können erkannt werden. Wir haben es aber hier auch nicht mit Dingen an sich selbst (dieser ihre Eigenschaften lassen wir dahin gestellt sein), sondern bloß mit Dingen als Gegenständen einer möglichen Erfahrung zu tun, und der Inbegriff derselben ist es eigentlich, was wir hier Natur nennen." (296)

Inhaltlich gesehen, hebt sich dieser Abschnitt aus den *Prolegomena* selbst auf, da zunächst die Erkenntnis der "Gesetzmäßigkeit aller Gegenstände der Erfahrung" a priori eingeräumt und im Folgesatz sogleich vehement negiert wird, wobei letzterer im Prinzip eine Tautologie darstellt: erstens kann Erfahrung per definitionem überhaupt nicht a priori sein – sie ist das Gegenteil dieses Begriffs; zweitens gilt genau dasselbe für das Begriffspaar "Gesetzmäßigkeit" und "a priori" – um eine Gesetzmäßigkeit zu erkennen, benötige ich Erfahrung; um Erfahrung zu sammeln, benötige ich ein Inventar an Begrifflichkeit, den mir meine (a priori?) vorhandene Fähigkeit zur Sprache ermöglicht; erst dann bin ich in der Lage, Erfahrung mental zu verarbeiten, um so zu einer Gesetzmäßigkeit zu gelangen, die sich vor meinen Augen offenbart.

Signifikant bei solchen Schlußfolgerungen ist erneut der zeitliche Faktor, welchen der Ausdruck "Folgerung" bereits impliziert. Grundsätzlich kann in diesem Zusammenhang der Begriff "a priori" als sinnleer entlarvt werden, zumal er ohne den temporalen Aspekt auskommen will, ohne das eigentlich zu können: "a priori" bedeutet "vorher" und nicht so etwas wie "einfach da" – selbst wenn ich diesen Ausdruck "einfach **da**" weiter auszuführen gedenke, muß ich temporale Explikatoren verwenden wie etwa "angestammt **vor**handen". Etwas ist "vorher" **da**. Die Frage wird **immer** bleiben: W o **vor**? Es folgt: **Nichts** ist "a priori". Dies bedeutet im Obigen das Identische wie die Umkehrung des Axioms:

"A priori" ist einzig das **N i c h t s**!

Das macht auch in metaphysischer, existentieller Hinsicht durchaus Sinn:

V o r meiner bewußten Existenz **w a r** nichts, und **n a c h** meiner bewußten Existenz **wird** nichts **sein**.

Man beachte erneut die Zeitabhängigkeit einer derartigen Aussage: Die Sprache kommt ohne den Faktor Zeit nicht aus. Sprache impliziert Zeit, wobei dieser Begriff von wissenschaftlicher Perspektive aus hinderlich daran ist, die Welt vollständig zu erklären. Unsere Wahrnehmung ist nicht statisch, sie benötigt Zeit. Um aber eine gültige Aussage über die Welt zu machen, müßte diese sich in einem zeit-losen Zustand befinden. Solch eine Welt vermag sich der Mensch jedoch nicht vorzustellen: Meine Existenz **ist** zeitbedingt – sozusagen eine metaphysische Illusion. Das, wovon ich mir zuallererst beim Eintritt in meine Existenz (**o h n e** daß diese schon **b e w u ß t** wäre) einen **B e g r i f f** mache, ist die Materie, nach der ich **g r e i f e**, deren Ausdehnung und Schwere ich sofort gewahr werde. Mein e r s t e r "Verstandesbegriff" (in Kants Terminologie) ohne das Dazutun der Sprache ist derjenige der M a t e r i e.

56

Was Kant in seiner Transzendentalphilosophie voraussetzt, ist die Sprache. Wenn er von
"a priori" spricht, so ist die Sprache für ihn
bereits vor-handen, sie ist ein "A priori des A
Prioris". Warum sonst sollte er von einem "reinen Verstand" ausgehen, wenn er behauptet,

> "[...] daß über das Empirische und überhaupt
> über das der sinnlichen Anschauung Gegebe-
> ne noch besondere Begriffe hinzukommen
> müssen, die ihren Ursprung gänzlich *a priori*
> [sic] im reinen Verstande haben, unter die je-
> de Wahrnehmung allererst subsumiert und
> dann vermittelst derselben in Erfahrung kann
> verwandelt werden." (297)?

Pointiert ausgedrückt, ist Kants "reiner Verstand" gleichbedeutend mit s p r a c h l i c h e r
E r f a h r u n g : Die Sprache beziehungsweise
die sprachliche Erfahrung des Individuums
e r z e u g t den "reinen Verstand" – ohne sprachliche Erfahrung keine Verstandesbegriffe!

Nun wurde aber oben die M a t e r i e als e r -
s t e r Verstandesbegriff vor aller Sprache bezeichnet, was uns wieder verdeutlicht, wie
problematisch es ist, Sprache mit Hilfe von
Sprache zu erklären. Wir sind gezwungen,
stets neue Bezeichnungen zu finden, was die
Dinge komplexer macht, als sie sich selbst darstellen. Sagen wir also im Falle der M a t e r i e ,
daß sie nicht der "erste Verstandesbegriff" ist,

sondern vielleicht des Menschen "erste instinktive Wahrnehmungskategorie" ohne das Dazutun der Sprache. Interessant wäre hier natürlich, wie Kant den Begriff "Instinkt" auffaßt oder vielmehr: aufgefaßt hätte. Womöglich fallen "im Verstande ursprünglich erzeugte Begriffe" darunter, die Kant in seiner Definition empirischer Urteile erwähnt (298). Diese unterteilt er in Erfahrungs- und Wahrnehmungsurteile. Erstere seien objektiv gültige.

"Die letzteren bedürfen keines reinen Verstandesbegriffes, sondern nur der logischen Verknüpfung der Wahrnehmungen in einem denkenden Subjekt. Die ersteren aber erfordern jederzeit über die Vorstellungen der sinnlichen Anschauung noch besondere, im V e r stande ursprünglich erzeugte Begriffe [sic], welche es eben machen, daß das Erfahrungsurteil objektiv gültig [sic] ist." (298)

Doch wieder steht im Falle einer solchen Interpretation die Sprache im Weg: den Instinkt gibt es bei Kant nicht. Die Sprache ist einfach **da** für Kant: Wie anders wäre es zu erklären, daß – wie er oben sagt – Wahrnehmungen im Falle der Wahrnehmungsurteile logisch verknüpft werden "in einem denkenden Subjekt"? Logische Verknüpfung erfolgt mittels der Sprache; ein Subjekt denkt nur, wenn es die linguistischen Mittel dazu zur Verfügung hat, das heißt, wenn es Sprache bereits besitzt. Und wenn Kant die "im Verstande ursprünglich erzeugten Begriffe" ins Spiel bringt, fragt sich erstens, welches diese Begriffe sind und zweitens, wie sie überhaupt "erzeugt" werden. Der Ausdruck "Erzeugung" impliziert, daß diese Begriffe ursprünglich nicht da sind, er impliziert somit ein A Posteriori. Kant vertieft diesen Aspekt nicht unmittelbar, so daß wir wieder rätselnd mit den Achseln zucken müssen.

Nicht minder widersprüchlich verhält es sich im Anschluß daran bei seinem Unterfangen, dem auf den Grund zu gehen, was "objektive Gültigkeit" bedeutet:

"Das Objekt bleibt an sich selbst immer unbekannt; wenn aber durch den Verstandesbegriff die Verknüpfung der Vorstellungen, die unserer Sinnlichkeit von ihm gegeben sind, als allgemeingültig bestimmt wird, so wird der Gegenstand durch dieses Verhältnis bestimmt, und das Urteil ist objektiv." (299)

Es empfiehlt sich vermutlich, den hier zitierten Abschnitt aus zeitgemäßer Perspektive umzuformulieren sowie Schritt für Schritt zu analysieren, damit wir ihn unter Umständen besser nachvollziehen können.

Die erste Behauptung sollte keiner Paraphrasierung bedürfen. Sie stellt eines von Kants Hauptaxiomen dar: Das "Ding-an-sich" ist nicht erkennbar, wie es in "Wirklichkeit" ist. Damit kann man, wie mehrfach erläutert wurde, massiv Probleme haben: Wer bestimmt letztendlich, was wirklich der Fall ist und wie das "Ding-an-sich" wirklich aussieht? Der Rekurs auf eine göttliche, metaphysische Instanz ist bei einer solchen Annahme latent vorhanden.

Aber auch beim Rest des Zitats gerät der Ausdruck "Bestimmung" in den Brennpunkt: Was bedeutet "allgemeingültige Bestimmung"? Einigen wir uns "still" auf das, was wir wahrnehmen, und bestimmen wir dann ebenso "still", daß dies allgemeine Gültigkeit hat?

Vollziehen wir das nochmals nach: Wir sind ausgestattet mit sogenannten Verstandesbegriffen, die es uns erlauben, die von uns wahrgenommene Welt in Kategorien einzuteilen, sie in ein Raster einzuordnen. Unsere Vorstellungen, die wir von der Welt haben (also bewußte Wahrnehmungen), müssen nun miteinander "verknüpft" werden, was die Verstandesbegriffe bewerkstelligen, damit aus bewußten Wahrnehmungen / Vorstellungen dann tatsächlich (verwertbare) Erfahrungen werden. Sofern wir in der Gemeinschaft Übereinkunft darüber erzielen, wie das Verhältnis zwischen

Gegenstand, unserer Vorstellung dessen sowie entsprechenden Erfahrungen aussieht, erhalten wir die Kantische Allgemeingültigkeit beziehungsweise objektive Urteile.

In dieser Argumentationsabfolge sticht der Widerspruch zwischen dem ersten und letzten Sachverhalt überdeutlich ins Auge: Wenn das Objekt an sich (oder "Ding-an-sich") nicht erkennbar ist, so können wir niemals Allgemeingültigkeit / objektive Urteile erlangen.

Vielleicht sollten wir Kants Redeweise in dieser Hinsicht linguistisch umwandeln: Wir sind nicht in der Lage, eine Sprache zu finden, die das "Ding-an-sich" beschreibt; wenn wir über Gegenstände / Objekte unserer Wahrnehmung sprechen, verwenden wir bereits eine Metasprache. Darauf deuten ebenfalls Kants Verstandesbegriffe hin: Sie sind Teil der Metasprache, derer wir uns bedienen, um die Welt zu klassifizieren. Die Frage wäre dann selbstverständlich: Wie sieht die Ur-Sprache aus, die Sprache des "Dinges-an-sich" – kurzum: die Sprache-an-sich?

Die Antwort kann nur sein, daß es **nicht** das "Ding-an-sich" ist, welches wir nicht zu erkennen vermögen, sondern vielmehr die "Sprache-an-sich"!

Die Sprache-an-sich weist eine Struktur auf, die wir lediglich in Tendenzen erahnen können. Wir sind beinahe völlig auf Spekulationen angewiesen.

Somit sind Kants verstandes-"technischen" Versuche im Rahmen der Transzendentalphilosophie eher als Ausweichstrategien anzusehen, ja: als eine Art Ablenkung über Umwege, die uns marginal erschließbar sind.

Darauf weisen ebenfalls seine drei "Tafeln" (Logische, Transzendentale und Physiologische Tafel) hin, die er im Folgenden als eine Art Weltenklassifikation präsentiert; man möchte gar sagen, daß es sich bei diesen Tafeln um eine Grammatik der menschlichen Perzeptionen handelt. Moderner formuliert, dürften wir sogar weiter gehen und behaupten, daß Kant eine Grammatik des Mentalesischen zu schreiben beabsichtigt. Unter Mentalesisch verstehen wir die spekulative Annahme einer Sprache der Gedanken, einer Sprache "vor" der Sprache, oder pointierter: eine "A-Priori"-Sprache. Was könnte uns – über das eben zur "Sprache-an-sich" Gesagte hinaus – dazu führen, eine solche mentalesische Sprache vorauszusetzen? Hier vermag einzig das Introspektionsargument für ein wenig Klarheit zu sorgen: Betrachten wir einfach eine gewöhnliche Straßenszene. Wir tun dies, ohne sie eigentlich in einen linguistischen Akt der sprachlichen Beschreibung zu verwandeln – wir sehen die

Straßenszene einfach. Und dennoch verarbeiten wir sie mental, will heißen: in irgendeiner Art linguistisch. Wir nehmen sie bewußt wahr und können sie dann – wenn von uns verlangt – sprachlich reproduzieren, so wir einem Gesprächspartner davon erzählen. Sprechen wir aber (vor allem während des beobachteten Geschehens) zu uns selbst darüber in irgendeiner Art? Hier kommt das vermeintliche Mentalesisch zum Zuge: wir sprechen in Gedanken zu uns selbst, ohne es wirklich zu verbalisieren! So kommt es uns jedenfalls vor.

Es gelingt uns nicht, das Mentalesische, wie es eben geschildert wurde, strukturell zu begreifen, es gar niederzuschreiben. Es scheint einfach **da** zu sein, wie dies Kant vom "Ding-an-sich" fordert.

In diesem Sinne dürfen wir also Kants Transzendentale Tafel der Verstandesbegriffe sowie seine reine Physiologische Tafel allgemeiner Grundsätze der Naturwissenschaft verstehen: sie bilden die strukturellen Grundlagen einer hypothetischen mentalesischen Sprache, wie das denn die Kategorisierungen, die wir darin finden, nahelegen.

Die Schubladen, in welche Kant den menschlichen Verstand beziehungsweise das Mentalesische einteilt, sind Vier an der Zahl: Quantität, Qualität, Relation und Modalität.

Der Mensch verleiht der Welt also eine Struktur, indem er gemäß Kant zuallererst versucht, Mengenverhältnisse zu etablieren – er mißt nach Anzahl (Einheit beziehungsweise Vielheit) und Umfang (das Ganze und seine Teile).

Können wir an einer solchen Grundklassifikation im Prinzip nichts kritisieren, so stoßen wir bei der qualitativen Auffächerung unseres Verstandes durch Kant eher auf Schwierigkeiten: daß er zunächst Realität und Negation einander gegenüberstellt, leuchtet ein – wir nehmen etwas als w a h r an (W a h r nehmung: es ist für uns wirklich vorhanden, und sobald dies nicht der Fall ist, sind wir versucht, es zu verneinen, in Abrede zu stellen); problematisch wird es dann aber mit dem Kriterium, das Kant als "Einschränkung" im Zusammenhang mit der qualitativen Beschaffenheit der Welt in unserer Anschauung bezeichnet: "Einschränkung" impliziert das Verhältnis zwischen einer Ursache und Wirkung. Sofern ich etwas einschränke, knüpfe ich dieses Etwas an eine Bedingung: es tritt nur d a n n ein, w e n n etwas anderes der Fall ist. Nun haben wir jedoch oben gesehen, wie kritisch sich Kant bezüglich des Kausalitätsprinzips äußerte. Dennoch scheint dieses als a priorischer Verstandesbegriff zu gelten?

Explizit erscheint das Stichwort "Ursache" dann sogar in Kants Klassifikation der Verstandesbegriffe der Relation nach: der menschliche Verstand stellt demzufolge Verhältnisse fest, die in der Außenwelt wahrgenommen werden. Neben dem Kausalitätsprinzip zählen laut Kant dazu auch der Substanzbegriff sowie derjenige von Gemeinschaft. Dies jedoch wirkt redundant, zumal bei der Einteilung der Quantität nach bereits Einheit sowie Allheit aufgelistet wurden. Es bleibt unklar, was Einheit von Substanz beziehungsweise Allheit von Gemeinschaft scheiden soll.

Kants letzte Schublade der Unterteilung von Verstandesbegriffen ist mit dem höchstproblematischen Etikett "Modalität" versehen. Darin enthalten sieht er die Grundsätze von Möglichkeit, Dasein und Notwendigkeit, die wiederum an Kausalität beziehungsweise Realität erinnern.

Kants Klassifikation muß dem nüchternen Betrachter als inkonsequent / nicht stringent vorkommen und dies hauptsächlich aufgrund der sprachlichen Vagheit: Die Mehrdeutigkeit seiner Begrifflichkeit läßt enormen Spielraum für Interpretation, was nicht im Sinne einer von ihm angestrebten Wissenschaftlichkeit ist.

Das Schlagwort der Wissenschaftlichkeit führt uns sodann zu Kants "reiner physiologischen

Tafel allgemeiner Grundsätze der Naturwissenschaft": Wieder präsentiert er eine Vierteilung in Rautenform, beginnend mit der Spitze, wo seiner Meinung nach die "Axiome der Anschauung" zu stehen haben. Für sich alleine genommen, macht ein solcher Grundsatz wenig Sinn. Man kann sich zunächst nicht vorstellen, was Kant vermutlich damit meint. Gehen wir also weiter zu Nummer Zwei (links im Rautendiagramm): "Antizipationen der Wahrnehmung". In Verbindung mit dem obersten Grundsatz klärt das nun den Sachverhalt ein wenig auf: Unsere Axiome der Anschauung (die wir allerdings zuvor durch Erfahrung aufgebaut haben müssen) ermöglichen es uns, zukünftige Wahrnehmungen zu antizipieren / prognostizieren.

Hier sind wir abermals gezwungen innezuhalten, zumal wir es wieder mit dem zeitlichen Aspekt zu tun haben: Die Betonung in obiger Aussage liegt bei der temporalen Präposition "vor" – die Axiome der Anschauung gelten (zeitlich) **vor** den Antizipationen der Wahrnehmungen.

Was aber geht dann jenen Axiomen der Anschauung **vor** aus? Womöglich könnte dies das sein, was Kant als dritten Grundsatz nennt, die "Analogien der Erfahrung". Demnach gestattet es uns die Erfahrung, die wir im Laufe der

Zeit sammeln, Tendenzen zu erkennen, also Analogien zu bilden zwischen unterschiedlichen Ereignissen, die uns dann Axiome der Anschauung formen lassen, so daß wir wiederum zukünftige Wahrnehmungen zu antizipieren vermögen.

Der Kreislauf zwischen den eben geschilderten drei Grundsätzen wirkt deutlich; allerdings kann von keinem behauptet werden, daß er dem einen oder anderen voraus geht. Der zeitliche Aspekt verstrickt uns / Kant hier in einen Widerspruch. Wir müßten im Prinzip von der Zeit abstrahieren, um dem Schema Gültigkeit zu verschaffen – die Zeit stört uns dabei, die Welt im Kantischen Schema der Transzendentalphilosophie widerspruchsfrei zu verstehen / erklären.

Um in seiner reinen physiologischen Tafel das Rautendiagramm auszufüllen, macht Kant die "Postulate des empirischen Denkens überhaupt" zum vierten Grundsatz der Naturwissenschaft. Wie sich letztgenannte jedoch von den Axiomen der Anschauung unterscheiden sollen, bedürfte einer Erläuterung, die uns Kant schuldig bleibt.

Im Anschluß an die Präsentation seiner Logischen, Transzendentalen und Rein Physiologischen Tafeln weicht er dieser Forderung aus, indem er hervorhebt,

"[...] daß hier nicht von dem Entstehen der Erfahrung die Rede sei, sondern von dem, was in ihr liegt" (304).

Damit erzeugt er abermals Ratlosigkeit beim reflektierenden Leser: Wie soll Entstehung vom Inhalt der Erfahrung getrennt werden? Ihr Inhalt macht Erfahrung erst zu dem, was sie ist. Der Begriff der Erfahrung impliziert den zeitlichen Aspekt, also ihre Entstehung.

Kant weist auf das Gebiet der empirischen Psychologie hin, der er zuschreibt, daß sie sich mit der Entstehung von Erfahrung befasse, aber ebenfalls von ihrem Inhalt handele (304). Auf gewisse Art gibt sich Kant an dieser Stelle sehr herablassend: der empirischen Psychologie gesteht er zu, daß sie sich automatisch mit beiden zu befassen habe, daß er aber andererseits einzig durch sein System der Transzendentalphilosophie das Phänomen des Inhalts von Erfahrung alleine behandeln könne.

Den ohnehin vagen Begriffen von Anschauung, Erfahrung und Denken fügt Kant hernach noch den wesentlich problematischeren des Bewußtseins in einer Art Zusammenfassung hinzu:

"Die Summe hiervon ist diese: die Sache der Sinne ist, anzuschauen; die des Verstandes, zu denken. Denken aber ist: Vorstellungen in einem Bewußtsein vereinigen." (304)

Ein solches Resümee vermag keinesfalls zu überzeugen: Wie oben bereits bemängelt, ignoriert Kant völlig das Phänomen Sprache in seiner Analyse. Gewissermaßen verfährt er tautologisch, wenn er Denken als Vereinigung von Vorstellungen in einem Bewußtsein definiert. Es wäre so, als ob er sagte, daß Sprache die Vereinigung von Vorstellungen in der Sprache sei. Und sofern wir Vorstellungen als semantische Inhalte charakterisieren, wird das Postulat komplett sinnleer:

"Sprache aber ist: semantische Inhalte in der Sprache vereinigen."

Zugegebenermaßen setzt das voraus, daß wir die Identität von Sprache und Denken / Bewußtsein akzeptieren. Falls dem nicht so wäre, müßten wir darüber debattieren, was uns wiederum die Mehrdeutigkeit, den immensen Interpretationsspielraum jener Begriffe aufzeigt. Dennoch beweist uns das Ganze, daß sich die Sprache, derer sich Kant in seiner Abhandlung bedient, eine von geringerer Ordnung ist und mitnichten als wissenschaftlich bezeichnet werden darf. Er scheidet Psychologie von seiner Transzendentalphilosophie, aber er verwendet den Begriff des Bewußtseins in der Art und Weise, wie es die Psychologie tut, da es ihm an einer begrifflichen Alternative mangelt.

Kant beabsichtigt, seinen definitorischen Kreis zu schließen, indem er zum Urteilsbegriff zurückgelangt:

"Die Vereinigungen der Vorstellungen in einem Bewußtsein ist das Urteil. Also ist Denken so viel als Urteilen oder Vorstellungen auf Urteile überhaupt beziehen." (304)

Die Identifikation von Denken und Urteilen erscheint als äußerst eng. Urteilen könnte man als einen Sprechakt bezeichnen. Wenn wir Denken vielmehr als Sprechen mit uns selbst definierten, bestünde das Denken aus unzählig mehr Sprechakten als einzig dem Urteilen. An dieser Stelle werden wir dementsprechend abermals mit Kants viel zu strenger Kategorisierung konfrontiert, obgleich seine Begrifflichkeit dennoch / gleichzeitig extrem vage beziehungsweise mehrdeutig ist.

Die Einflechtung des Urteilsbegriffs im konkreten Diskussionszusammenhang bietet Kant schließlich die Gelegenheit, zum A P r i o r i zurückzukommen:

"Urteile, sofern sie bloß als die Bedingung der Vereinigung gegebener Vorstellungen in einem Bewußtsein betrachtet werden, sind Regeln. Diese Regeln, sofern sie die Vereinigung als notwendig vorstellen, sind Regeln *a priori* [sic], und sofern keine über sie sind, von denen sie abgeleitet werden, Grundsätze." (305)

Was Kant in dieser Passage darstellt, ist nichts anderes als eine G e n e s e des A-priorischen: selbst wenn wir seine Vorstellungen als "gegeben" akzeptieren, so müssen diese in einem "Bewußtsein verbunden" werden, um Urteile zu ergeben. Zeitlich gesehen – und eine andere Sichtweise entzieht sich menschlichen Kapazitäten – könnten also einzig die "Vorstellungen" a priori sein und mitnichten die "Urteile" beziehungsweise "Regeln", da Letztere in einer Art psychischem V o r g a n g / P r o z e ß "aufgestellt" wurden (sie sind das E r g e b n i s eines P r o z e s s e s, was wiederum automatisch impliziert, daß sie keinen A - P r i o r i -Status innehaben können).

Jedoch ist es auch nicht denkbar, daß Vorstellungen einfach "da" sind, sie müssen ebenfalls e n t s t e h e n, kreiert werden. Das Fazit kann demzufolge nur im früher erwähnten Grundsatz bestehen:

A p r i o r i i s t e i n z i g d a s N i c h t s / N i c h t s i s t a p r i o r i!

Kant dreht sich dementsprechend mit seiner Terminologie im Kreise und läßt den Faktor Zeit völlig außer Acht, obgleich dieser implizit in seinen Darstellungen präsent ist. Dennoch pocht er auf die Überzeugung, mit seiner Analyse die Frage gelöst zu haben, wie reine Na-

turwissenschaft möglich sei, indem er feststellt:

> "Die Grundsätze möglicher Erfahrung sind
> nun zugleich allgemeine Gesetze der Natur,
> welche *a priori* [sic] erkannt werden können."
> (306)

Zweifel sind hier insbesondere deshalb angebracht, da es schwer vorstellbar ist, wie ein
Gesetz, eine Regelmäßigkeit a p r i o r i erkannt
werden soll o h n e jeglichen Erfahrungswert.
Eine Erfahrung wiederum muß erstmalig gemacht werden, sie ist per definitionem n i c h t *a
priori*. Wie kann demzufolge ein Grundsatz
möglicher Erfahrung a p r i o r i sein? Denn
einen solchen Grundsatz vermag ich ebenfalls
erst aufzustellen, n a c h d e m ich eine Erfahrung gemacht habe.

Diese irrige Prämisse von Grundsätzen möglicher Erfahrungen, die a p r i o r i zu erkennen
seien, trägt Kant dann selbstverständlich mit
zu seinem Versuch, die Frage zu beantworten,
"welche der höchste Punkt ist, den transcen-
dentale Philosophie nur immer berühren mag"
(318): Wie ist Natur selbst möglich?

Mit Hilfe obiger Prämisse stellt Kant eine
Behauptung auf, die ungemein solipsistische
Züge aufweist, nämlich,

> "[...] daß die oberste Gesetzgebung der Natur
> in uns selbst, d.i. in unserem Verstande lie-

gen müsse, und daß wir die allgemeinen Gesetze derselben nicht von der Natur vermittelst der Erfahrung, sondern umgekehrt die Natur, ihrer allgemeinen Gesetzmäßigkeit nach, bloß aus den in unserer Sinnlichkeit und dem Verstande liegenden Bedingungen der Möglichkeit der Erfahrung suchen müssen." (319)

Demnach weist die Natur keinerlei Gesetze auf, sondern wir oktruieren ihr diese durch unseren Verstand auf. Anders beziehungsweise weitergehend formuliert: Die Natur ist sprachlos; wir versprachlichen sie, indem wir sie zu beschreiben und erklären versuchen; eine Gesetzmäßigkeit festzustellen, ist ein Sprechakt — insofern kennt die Natur tatsächlich keine Gesetze, sie existieren vielmehr einzig in der menschlichen Sprache.

Kant verwendet bei seiner Charakterisierung des Sachverhalts also eine inkorrekte Sprache oder zumindest Terminologie. Er müßte sich Gedanken darüber machen, worin das, was er als Verstand bezeichnet, tatsächlich besteht — es ist die Sprache, die den Ausschlag in allen Belangen gibt.

Im Prinzip gibt Kant dies dann auch indirekt zu, wenn er die Angelegenheit kurz zusammenfaßt:

"[…] der Verstand schöpft seine Gesetze (*a priori* [sic]) nicht aus der Natur, sondern schreibt sie dieser vor." (320)

Die Betonung sei hier auf das Verb "vor-schreiben" gelegt: Allein mit Hilfe der Sprache können wir jemandem etwas v o r -schreiben. Wenn wir Kant an dieser Stelle negativ inter-pretierten, würden wir das Postulat dahinge-hend umformulieren, daß wir sagten: Der mensch-liche Verstand "macht" sich etwas "vor", in-dem er Gesetzmäßigkeiten in der Natur sieht, er gibt sich einer Illusion hin. In einer solchen Lesart ist es sodann wirklich nicht mehr weit zum Solipsismus: Die Welt existiert nur für m i c h , sie besteht aus nichts anderem als mei-nen persönlichen / individuellen / subjektiven Illusionen, wozu Naturgesetzmäßigkeiten und der Verstand zählen, der sowieso ohne die Sprache nicht existierte. Demzufolge kreierte die Sprache eine einzige gigantische metaphy-sische Illusion für mich und nur für mich al-leine – zu meiner persönlichen Unterhaltung sozusagen.

Vermutlich widerspräche Kant dem eben Gesagten aufs Vehementeste: Er lebt vielmehr in einer Misch-Welt, zumal er eben eine Spra-che verwendet, die sich Begriffen verschiede-ner Ordnungen bedient. Die Hauptfrage, die er stellt, beweist das bereits: er impliziert damit, daß Metaphysik als Wissenschaft möglich sei, denn warum sollte ich nach dem "w i e" fragen, wenn ich nicht schon das "D a ß" akzeptierte? Wie ist Metaphysik als Wissenschaft möglich, will Kant wissen, da er sich schon sicher ist, d a ß Metaphysik eine Wissenschaft sei.

Welterklärung kann sich demzufolge **n u r** auf zwei extrem entgegengesetzten Richtungen bewegen: entweder konsequenter metaphysischer Solipsismus oder konsequenter wissenschaftsbasierter Materialismus.

Die Welt dazwischen "funktioniert" nicht, und in genau dieser Z w i s c h e n w e l t leben wir m o m e n t a n mit unserer defizitären Sprache, die einerseits die Welt erklären sollte, dazu aber andererseits nicht adäquate Mittel bereitstellt.

Kants *Prolegomena* bilden insofern ein eindrückliches Beispiel dafür, wie sich ein Denker in linguistischen Unzulänglichkeiten verheddert auf dem Fundament einer Misch- oder Zwischenwelt, welche Metaphysik und Wissenschaft geradezu wahllos vermengt und argumentativen Bedürfnissen anpaßt. Überspitzt formuliert, könnte man Kants Idealismus dementsprechend auch als pragmatisch-metaphysischen Solipsismus bezeichnen: Er paßt die Umwelt auf sein transzendentalphilosophisches System an und nicht umgekehrt.

Einen weiteren Hinweis auf eine derartige Interpretation seiner Erkenntnistheorie gibt Kant zu Beginn des dritten Teils der *Prolegomena*, der sich die Beantwortung der Frage, wie Metaphysik überhaupt möglich sei, zur Aufgabe macht. Dort stellt Kant die Metaphysik gar als etwas "Höheres" als die Naturwissenschaft dar:

> "Metaphysik hat es außer mit Naturbegriffen, die in der Erfahrung jederzeit ihre Anwendung finden, noch mit reinen Vernunftbegriffen zu tun, die niemals in irgendeiner nur immer möglichen Erfahrung gegeben werden, mithin mit Begriffen, deren objektive Realität (daß sie nicht bloße Hirngespinste sind), und mit Behauptungen, deren Wahrheit oder Falschheit durch keine Erfahrung bestätigt oder aufgedeckt werden kann; und dieser Teil der Metaphysik ist überdem gerade derjenige, welcher den wesentlichen Zweck derselben, wozu alles andere nur Mittel ist, ausmacht, und so bedarf diese Wissenschaft einer solchen Deduktion u m i h r e r s e l b s t w i l l e n [sic]." (327)

Es mutet bereits überheblich an, hier von der Metaphysik als einer Wissenschaft auszugehen, bevor Kant sich überhaupt mit der Frage beschäftigt, wie Metaphysik a l s W i s s e ns c h a f t möglich sei. Der Grund, weshalb dann Metaphysik für ihn mehr zählt als Naturwissenschaft, sieht Kant in den von ihm so genannten "reinen Vernunftbegriffen". Erneut unterstreicht er emphatisch, daß diese nicht auf Erfahrung basieren können, was oben schon entkräftet wurde: Ich bilde mir erst einen Begriff, wenn ich (sprachliche) Erfahrung gesammelt habe; Begriffe entstehen mit dem Erwerb einer Sprache.

Wenn Kant hervorhebt, daß "alles andere nur Mittel" sei, zeigt uns das eindrucksvoll, welchen Stellenwert er der Metaphysik einräumt: Die anderen Disziplinen arbeiten der Metaphysik zu, sie ergänzen das Gesamtbild, welches einzig die Metaphysik seiner Ansicht nach zu zeichnen imstande ist.

Dabei verwirrt es aber, wenn Kant im weiteren reine Vernunftbegriffe (Ideen) von reinen Verstandesbegriffen (Kategorien) unterscheidet (328). Seine Metaphysik qualifizierte sich aleine schon an dieser Stelle ab, eine Wissenschaft zu sein, zumal er seine Vorstellung eines "reinen Vernunftbegriffs" – also den Ideenbegriff – niemals zu präzisieren verstünde. Wird das, was er als "reinen Verstandesbegriff" oder "Kategorie" sieht, noch in den vorangehenden Transzendentalen Tafeln erläutert, so geht dem

Ideenbegriff jegliche Exaktheit und somit ebenfalls Wissenschaftlichkeit abhanden.

Die Dogmatik beziehungsweise Unwissenschaftlichkeit der Kantischen Metaphysik offenbart sich abermals, wenn Verstand, Vernunft, Ideen und damit verbundene Erkenntnis zur Erfahrung in Beziehung gesetzt werden:

"Alle reinen Verstandeserkenntnisse haben das an sich, daß sich ihre Begriffe in der Erfahrung geben und ihre Grundsätze durch Erfahrung bestätigen lassen; dagegen die transcendentalen Vernunfterkenntnisse sich weder, was ihre Ideen betrifft, in der Erfahrung geben noch ihre Sätze jemals durch Erfahrung bestätigen noch widerlegen lassen." (329)

An dieser Stelle geht Kant dazu über, von "transcendentalen Vernunfterkenntnissen" – und mitnichten von Ideen – zu sprechen. Die Schwierigkeit, oder besser gesagt: der Widerspruch liegt nun bei der konsequenten Folgefrage: Wie können Erkenntnisse n i c h t durch Erfahrung überhaupt bestätigt werden, wie Kant es eben von den Vernunfterkenntnissen einfordert? Per definitionem ist "Erkenntnis" synonym mit "Wissen". Wie anders als durch Erfahrung kann (bisheriges) Wissen bestätigt oder widerlegt werden?

Kant hätte besser daran getan, hier von Ideen statt von Erkenntnissen zu reden, aber dadurch wäre er abermals der Unpräzisheit schuldig geworden.

Die Fortsetzung des vorangegangenen Zitats gibt sodann noch beinahe mehr Anlaß zu Kritik:

"[…] daher der dabei vielleicht einschleichende Irrtum durch nichts anderes als reine Vernunft aufgedeckt werden kann, welches aber sehr schwer ist, weil eben diese Vernunft vermittelst ihrer Ideen natürlich dialektisch wird, und dieser unvermeidliche Schein durch keine objektiven und dogmatischen Unternehmungen der Sachen, sondern bloß durch subjektive der Vernunft selbst, als eines Quells der Ideen, in Schranken gehalten werden kann." (329)

Zum ersten taucht nun der Begriff der "reinen Vernunft" auf, der notorisch unklar bleiben muß; denn was beinhaltet jene reine Vernunft: Ideen oder Erkenntnisse oder beides auf a priorischer Basis (die, wie oben gezeigt wurde, faktisch unmöglich ist)? Zum zweiten bemerkt Kant dann sogar eine gewisse "Dialektik" in der Sache – er scheint sich (zumindest) eines Widerspruchs bewußt, der dann seiner Ansicht nach jedoch "subjektiv" durch die "reine Vernunft" aufgelöst werden könne. Doch wie soll eine solche Subjektivität zu Objektivität in Gestalt wahrer Erkenntnis führen? Durch die "Kraft" der Vernunftideen, von denen wir keine Ahnung haben, wie sie tatsächlich aussehen?

Die gesamte, eben zitierte Passage – im übrigen als Paragraph 42 gekennzeichnet – bietet so ein eindrückliches Beispiel für Kants metaphysische Ausdrucksweise: die Begriffe "Verstand", "(reine) Vernunft", "Erkenntnis", "Erfahrung" und "Idee" verharren im Obskuren; sie verwirren den reflektierenden Leser, der sich dabei denken mag: "Ja, ich habe eine vage Vorstellung davon, was er sagt, aber eigentlich ergibt das Ganze keinen konkreten Sinn und erweitert auf eben solche Weise mein Wissen um keinen Deut!"

Wir vermögen sehr wohl zwischen abstrakten und metaphysischen Entitäten zu differenzieren, aber was Kant in den *Prolegomena* wiederholt unternimmt, ist, diese Entitäten wahllos zu vermengen und so zu tun, als ob es sich um reine Abstrakta (wie etwa mathematische Formeln) handele.

Das setzt sich auch später fort, wie etwa ganz eklatant zu Beginn des Paragraphen 47, in welchem Kant zu allem Überfluß die Begriffe "Seele" und "Substanz" miteinbezieht:

"Dieses denkende Selbst, die Seele, mag nun aber auch als das letzte Subjekt des Denkens, was selbst nicht weiter als Prädikat eines anderen Dinges vorgestellt werden kann, Substanz heißen: so bleibt dieser Begriff doch gänzlich leer und alle Folgen, wenn nicht von ihm die Beharrlichkeit als das, was den Begriff der Substanzen in der Erfahrung fruchtbar macht, bewiesen werden kann." (334)

Versuchen wir, das in diesem Abschnitt Behauptete nachzuvollziehen; zunächst die Definitionen: Das "denkende Selbst" wird als "Seele" umformuliert – und in einem zweiten Schritt "Substanz" genannt – S e e l e = d e n k e n d e s S e l b s t = S u b s t a n z. Alle diese drei Ausdrücke besitzen keinerlei Denotation, führen aber zu verschiedenerlei Konnotationen. Ein Abstraktum kann sehr wohl eine Denotation haben, wie etwa die Zahl "Drei", die sich eindeutig auf eine feste Quantität bezieht. Der Ausdruck "Seele" bezieht sich hingegen auf nichts, er konnotiert allenfalls eine vage Idee in meiner abstrakten Vorstellungskraft. Er ist für jede Form der Wissenschaftlichkeit unbrauchbar. Dennoch räumt Kant für dessen Synonym "Substanz" eine potentielle Nachweisbarkeit ein.

Im Prinzip steht der Substanzbegriff generell für das menschliche Bedürfnis, zu einer absoluten Basis vorzudringen, ein Verlangen, dem sich Kant nicht minder unterwirft. Die Seele als diese Substanz, diese absolute Basis beziehungsweise dieses Grundfundament menschlichen Daseins zu setzen, muß äußerst naiv erscheinen, zumal es sich eben um eine völlig metaphysische, nicht zu fassende Entität handelt.

Religiöse Glaubenskonditionierung zwingen Kant geradezu, die "faktische" Substanz, die Materie, gewissermaßen zu verleugnen.

Als das – wie Kant es ausdrückt - "letzte Subjekt des Denkens", steht unumstößlich die Grundlage menschlicher Existenz, die Materie, deren Begriff – im Gegensatz zu demjenigen der Seele – prinzipiell "bewiesen werden kann", ja: eigentlich schon bewiesen ist.

Überhaupt verkompliziert Kant seinen Punkt durch eine obskure Ausdrucksweise, wofür auch das Wort "Beharrlichkeit" im obigen Zitat ein Paradebeispiel sei, das er im Folgesatz zur weiteren Konfusion aufgreift:

> "Die Beharrlichkeit kann aber niemals aus dem Begriff einer Substanz als eines Dinges an sich, sondern nur zum Behuf der Erfahrung bewiesen werden." (335)

Möchten wir das in "normale" Sprache übersetzen beziehungsweise konkretisieren, könnte das bedeuten, Kants "Beharrlichkeit" als Gegenteil zu "Vergänglichkeit" zu sehen: Ich benötige Erfahrung, um zu konstatieren, daß etwas – zumindest während meiner eigenen Existenz – nicht vergänglich ist, daß es einfach d a ist. Das bezöge sich dann eben auch auf das, was Kant "Seele", "denkendes Selbst" oder "Substanz" bezeichnet – moderner beziehungsweise zeitgemäßer formuliert: das Bewußtsein seiner selbst, der Begriff meines eigenen Ichs. Um dieses "Beußtsein" zu bilden, benötige ich (sprachliche) Erfahrung wie überhaupt für jegliche Begriffsbildung, womit abermals bewiesen wäre, daß n i c h t s als a priori vorhanden angenommen werden darf – außer der Materiebegriff, für den keinerlei (sprachliche) Erfahrung notwendig ist.

"Beharrlich" im Kantischen Sinne wäre demnach einzig die Materie – ein unumstößliches, fundamentales Axiom: A priori ist das Nichts (oder: die Anti-Materie) sowie die Materie.

Mit der Dialektik der Vernunft, auf die Kant weiter oben (329) hinweist, beschäftigt er sich dann etwas später im Rahmen dessen, was an seine Logische, Transzendentale wie auch Physiologische Tafel erinnert, indem er wie dort auch im Falle des Themas "Widersprüchlichkeit" v i e r Antinomien präsentiert, mit welchen die menschliche Vernunft ihre Schwierigkeiten habe. Die vier Gegensätze lauten nun:

Begrenztheit versus Unendlichkeit;
einfach versus zusammengesetzt;
Freiheit versus Natur (Determination);

notwendiges Wesen (Gott) versus Zufall.

Kant geht in Zusammenhang mit diesen Widersprüchlichkeiten, die die Sprache uns beschert, so weit zu sagen, daß

"[…] die Vernunft sich also mit sich selbst entzweit sieht; ein Zustand, über den der Skeptiker frohlockt, der kritische Philosoph aber in Nachdenken und Unruhe versetzt werden muß." (340)

Wenn der Skeptiker hier in der Tat frohlockt, so liegt das daran, daß aufgrund dieser vier Begriffsantinomien abermals die Unzulänglichkeiten menschlicher Sprache und im Besonderen ihrer metaphysischen Begrifflichkeit nachgewiesen wurde. So sollte denn der ("wahre") Philosoph, als welchen Kant sich selbst sieht, weniger in Nachdenken und Unruhe versetzt werden, sondern die eben erwähnte Tatsache akzeptieren und / oder sie weiter analysieren: Sobald wir einem Widerspruch begegnen, wissen wir, daß wir uns auf unsicherem metaphysischen, unwissenschaftlichen Terrain bewegen, auf welchem wahlweise in die eine Richtung oder in die exakt entgegengesetzte argumentiert werden kann.

Besonders irritiert das bei Kants ersten beiden Antinomien, die er selbst als "mathematische" (341) einordnet, somit wissenschaftliche Exaktheit impliziert. "Endlichkeit" / "Grenze" beziehungsweise "Unendlichkeit" sind allerdings vage, wenn nicht gar leere Begriffe. Sie übersteigen unser Vorstellungsvermögen und dienen insbesondere in der Mathematik eher als Metaphern denn als Teil einer präzisen Formelsprache. Wenn der Mathematiker davon spricht, daß ein Wert gegen "unendlich" ("∞") strebe, dann meint er damit, daß sich der entsprechende Wert nicht zählen läßt. Wenden wir den Begriff "unendlich" hingegen auf die ohnehin metaphysischen Begriffe "Raum" und "Zeit" an, versagt unsere Vorstellungskraft. Nicht umsonst redet der Mathematiker auch von "irrationalen" Zahlen wie "π", also quasi "unvernünftigen" Zahlen, die "unendlich" viele Dezimalstellen aufweisen. Unsere Vernunft, unser ureigenstes metaphysisches Wesen stößt also an seine "Grenzen", nämlich an die "Grenze" seiner Sprache. Und so versagt uns auch die Sprache den letzten Dienst, sich selbst zu erklären – die Menge kann nicht sich selbst beinhalten; wir drehen uns in einem "unendlichen" Zirkel!

Die zweite Antinomie – wenn wir es genau nehmen – ist überhaupt keine: das Einfache widerspricht dem Zusammengesetzten nicht; es stellt sich für den Menschen jedoch als äußerst schwierig dar, das wirklich "Einfache", aus dem das "Zusammengesetzte" besteht, dingfest zu machen. Sofern wir die Ausdrücke "einfach" und "zusammengesetzt" physikalisch-wissenschaftlich interpretieren, bewegen wir uns zwischen Mikro- und Makrokosmos. Und sofern wir uns auf den menschlichen / sprachlichen Mesokosmos, also unsere wahrnehmbare Welt beschränken, sind wir gezwungen einzugestehen, daß sich diese aus M a t e r i e "zusammensetzt". Der Primat der Materie löst somit Kants zweite Antinomie in Wohlgefallen auf.

Die beiden verbleibenden Gegensätzlichkeiten, die Kant aufführt, mögen schließlich als rein metaphysisch und damit als pure Wortspielerei ausgelegt werden, insbesondere dann, wenn wir sie auf sophistische Art und Weise analysieren: Im Prinzip könnte man die Begriffe "Freiheit" und "Zufall" vereinigen, was wiederum diejenigen von Natur und einem notwendigen Wesen ("Gott") zusammenführte. Ein notwendiges Wesen erlaubte demnach keine Freiheiten / Zufälligkeiten, was sicherlich von manchem Dogmatiker bezweifelt wird. Generell inhäriert jedem einzelnen dieser Begriffe ein Widerspruch in sich selbst, vor allem demjenigen der Freiheit, zumal er eng verbunden ist mit dem ebenfalls metaphysischen Zeitbegriff, da Freiheit n u r / ausschließlich in der Vergangenheit möglich ist: Erst nachdem eine

Handlung erfolgte, schreibe ich ihr zu, daß sie aufgrund meines freien Willens ausgeführt worden sei; ich hätte mich auch anders entscheiden können. Der Punkt hierbei ist die konjunktivische Ausdrucksweise in der Vergangenheitsform: ich "hätte" mich anders entscheiden können. Aber ich habe dies nicht getan. Ich habe auf eine bestimmte Art und Weise gehandelt, und n i c h t anders, wie es mein angeblich freier Wille zugelassen h ä t t e. Freiheit ist demnach abhängig von Zeit und Modus – sie stellt ein linguistisches Problem oder (neutraler:) Phänomen dar. Der Ausdruck "Freiheit" kristallisiert sich damit ebenso wie "Zeit" als rein metaphysisch und folglich als nicht erkenntnisbringend heraus.

Bezüglich der dritten und vierten Antinomie sieht Kant einen "Widerstreit", in welchen sich die "Vernunft" begebe (347), was völlig verständlich ist, zumal unsere Vernunft aufgrund ihrer Abhängigkeit von der Sprache sowie der Vagheit derer metaphysischen Begrifflichkeit v e r w i r r t wird.

Kants Antinomien bilden nach den "psychologischen Ideen" [siehe aus Zitat weiter oben (334) die Stichworte "Seele", "denkendes Selbst", "Substanz"] den mittleren Teil seiner – wenn wir sie so nennen dürfen - "Ideenlehre": er subsumiert sie unter die sogenannten "kosmologischen" Ideen.

Als letzte und offenbar (in hierarchischer Hinsicht) "oberste" Ideen versucht Kant sodann "theologische" Ideen zu analysieren und verliert dadurch gewissermaßen den letzten wissenschaftlichen Respekt, den man ihm noch zollen könnte. Er setzt nämlich die theologische Idee als dritte "trancendentale" Idee mit dem "Ideal der reinen Vernunft" (348) gleich. Dazu sei angemerkt, daß er es in seinem Hauptwerk *Kritik der reinen Vernunft* unternimmt, bislang vorhandene Versuche von Gottesbeweisen zu bestätigen, was ihm, wie er selbst zugibt, nicht gelingt beziehungsweise nicht gelingen kann; im Gegenteil: er kommt dort zu dem Schluß, daß die Existenz eines Gottes weder bewiesen noch widerlegt werden könne. Allerdings postuliert er, daß die "reine" Vernunft überhaupt nicht ohne den Gottesbegriff auszukommen vermag, ja: die "reine" Vernunft f o r - d e r e , daß es einen Gott gebe!

In diesem Kontext wird auch obige Gleichsetzung der "theologischen" Idee mit dem "Ideal der reinen Vernunft" verständlich. Für Kant umgreift die Vorstellung von einem vollkommenen, allmächtigen Wesen die gesamte menschliche Vernunft.

Diese religiöse Verankerung seiner Transzendentalphilosophie macht Kant folglich absolut anfällig für eine gar komplette Entwer-
tung seines Systems.

Allein die eben genannten Gesichtspunkte
lassen somit Kants "Beschluß von der Grenzbe-
stimmung der reinen Vernunft" (351ff) als redundant erscheinen. Da Kants "reine Vernunft" auf Religion basiert, stößt sie sofort an
eine Grenze. Seine Metaphysik, die eben mit
dem Gottesglauben gleichzusetzen ist, verschließt
sich einer rationalen Welterklärung, vor allem
deshalb, weil sie prinzipiell in pseudo-wissen-
schaftliche Sprache gekleidet ist, die den Leser
zunächst täuschen mag, aber bei genauerer
Analyse exakt zu dem wird, was sie ist: akademische Schaumschlägerei, eine Praxis, in die
beispielsweise Hegel in noch extremerem Ausmaße verfällt. Bezeichnenderweise gesteht Kant
sogar die Defizienz seines Idealismus ein:

"Allein Metaphysik führt uns in den dialekti-
schen Versuchen der reinen Vernunft (die
nicht willkürlich oder mutwilligerweise an-
gefangen werden, sondern dazu die Natur
der Vernunft selbst treibt) auf Grenzen."
(353)

Gemäß Kant liegt die Metaphysik in der Natur der Vernunft. Er möchte nicht einsehen,
daß es sich dabei eher um sprachliche Kondi-

tionierung der sozialen Umwelt handelt. Rituelle Indoktrination führt den Heranwachsenden dazu, metaphysische Begrifflichkeit als physische Realität zu interpretieren. Ist dieser Prozeß einmal vollständig ausgeführt – wie im Falle Kants -, kann der betroffenen Person durch nichts in der Welt klargemacht werden, daß die Welt "eine andere" als die metaphysisch vorgestellte ist. Im Prinzip bestätigt Kant eindrucksvoll sein eigenes Dogma: Die metaphysische Illusion, der er sich vollständig hingibt mit seiner religionsbasierten Transzendentalphilosophie, vernebelt seinen Blick dergestalt, daß er behaupten muß, das Ding-an-sich sei nicht so wahrnehmbar, wie es tatsächlich ist. Kant unterscheidet sich durch nichts von einem dogmatischen Theologen, der göttliche Vorsehung propagiert, was folgender Abschnitt bezüglich einer angeblichen Vorrangstellung der Metaphysik über den Wissenschaften belegt:

> "Denn Metaphysik ist vielleicht mehr wie irgendeine andere Wissenschaft durch die Natur selbst ihren Grundzügen nach in uns gelegt und kann gar nicht als das Produkt einer beliebigen Wahl oder als zufällige Erweiterung beim Fortgange der Erfahrungen (von denen sie sich gänzlich abtrennt) angesehen werden." (353)

Erneut fällt die Präsupposition auf, daß Metaphysik als Wissenschaft gilt. Sodann indiziert der Ausdruck "mehr", daß sich die Metaphysik über "andere" Wissenschaft hinweghebt aufgrund ihrer vermeintlichen natürlichen Gegebenheit. Kant geht davon aus, daß die Metaphysik durch göttliche Schöpferkraft "in uns gelegt" wurde als Naturanlage. In seiner religiösen Verblendung macht er seinen Gott dafür verantwortlich, daß uns die Metaphysik einfach inhäriert wie ein Körperorgan. Sinnigerweise macht uns das in Kants Ausdrucksweise allerdings auch zu Sklaven der Metaphysik, zumal er kategorisch eine "beliebige Wahl" dahingehend durch das Individuum ausschließt. Trotzig stellt Kant in Abrede, daß Metaphysik im "Fortgange der Erfahrung" erzeugt wird. Wie anders aber sollte sich metaphysische Begrifflichkeit bilden als im Rahmen sich steigernder sprachlicher Erfahrung, verbunden mit ritualisierter Konditionierung einer durch und durch auf eben diese Metaphysik eingeschworenen sozialen Umgebung der heranwachsenden Menschen?

Im abschließenden Teil seiner *Prolegomena*, den er mit "Auflösung der allgemeinen Frage", wie Metaphysik als Wissenschaft möglich sei, überschreibt, faßt Kant folgerichtig dogmatisch im allerersten Satz zusammen:

"Metaphysik, als Naturanlage der Vernunft, ist wirklich, aber sie ist auch für sich allein […] dialektisch und trüglich." (365)

Kant nimmt hier den oben bereits erörterten eklatanten Widerspruch einfach hin, der sich zum einen auf die angebliche Realität der Metaphysik bezieht und zum anderen gleichzeitig auf deren dialektische Natur. Wie kann etwas wirklich und zugleich in sich selbst widersprüchlich sein? Dies ist einzig dadurch erklärbar, daß es sich um ein rein linguistisches Problem handelt: Die Sprache generiert die Schwierigkeit durch metaphysische Begrifflichkeit, die die Widersprüchlichkeit in sich birgt und sich somit jeglicher (physisch-materieller) Realität entzieht. Gewissermaßen gibt Kant das in seinen zusammenfassenden Bemerkungen ganz am Ende der *Prolegomena* zu, indem er feststellt:

"Metaphysik muß Wissenschaft sein, nicht allein im ganzen, sondern auch in allen ihren Teilen, sonst ist sie gar nichts; weil sie als Spekulation der reinen Vernunft sonst nirgends Haltung hat als an allgemeinen Einsichten." (371)

Anhand obiger Erörterungen sowie der semantischen Struktur dieses Zitats als verstecktem Kausalsatz sind wir zu dem Schluß gezwungen, daß die Metaphysik mitnichten eine

Wissenschaft ist, sondern eben nichts, da sie als Spekulation der (durch vage sprachliche Begrifflichkeit geprägten) "reinen" Vernunft zu gelten hat, so daß sie nirgends Haltung hat als an quasi sinnleeren Annahmen beziehungsweise Behauptungen. Eine Erklärung, warum Kant dies nicht zugesteht, liegt einzig und allein in seiner oben mehrmals betonten religiösen Konditionierung. Ritualisierte Indoktrination machen ihn zu einem philosophischen Dogmatiker, dessen Einfluß auf spätere Zeiten durchaus Rätsel aufgibt. Sicherlich muß man sich den Einwand gefallen lassen, daß mit Kritik an Denkern der Vergangenheit gemäßigt zu haushalten sei, zumal es uns nicht zusteht, so vermessen zu sein, als daß wir eben Zeitgenossen jener Denker seien. Dennoch muß im Falle Immanuel Kants unterstrichen werden, daß zu seinen Lebzeiten (zumindest in der Medizin) die Gehirnabhängigkeit des menschlichen Denkens / der menschlichen Sprache sehr wohl bekannt war. Daraus nicht die konsequenten philosophischen Schlüsse zu ziehen, können wir ihm demnach durchaus vorwerfen.

Mit seiner pseudo-systematischen Metaphysik vermag Kant zu keinem Zeitpunkt, über seinen dualistisch-bigottischen Horizont hinauszublicken. Mit komplizierter Ausdrucksweise / Sprache gelingt es ihm, den naiven Leser zu beeindrucken, wenn nicht gar in extremem Maße zu beeinflussen, weshalb sich seine metaphysischen Spekulationen so hartnäckig (auch und vor allem) in der akademischen Philosophie behaupten.

Im Prinzip spiegelt Kants Transzendentalphilosophie seine Lebensweise als asketischer Kleriker eindrucksvoll wider.

Arthur Schopenhauer:
"Die Welt als Wille und Vorstellung. Erster Band. Vier Bücher nebst einem Anhange, der die Kritik der Kantischen Philosophie enthält" (1818)

Wenn wir allein Publikationsjahr und Titel von Arthur Schopenhauers Hauptwerk betrachten, hätten wir genügend Anlaß zur Verwunderung: immerhin trennen Erscheinung der Kantischen *Prolegomena* und Schopenhauers *Die Welt als Wille und Vorstellung* etwas über dreißig Jahre voneinander, und doch mag einem wissenschaftlich aufgeklärten Leser die Begrifflichkeit bei Schopenhauers Titel als rückschrittlich im Vergleich zu Kant erscheinen. Die Ausdrücke "Wille" und "Vostellung" stoßen unangenehm auf, da sie eine größere Affinität Schopenhauers zur Metaphysik nahelegen, als dies bei Kant ohnehin der Fall ist.

Was impliziert demzufolge ein solcher Buchtitel? Sicherlich möchte Schopenhauer damit Aufmerksamkeit erregen: wie ist jener Wille zu verstehen, der unsere Welt "antreibt", würde sich ein potentiell an der Thematik Interessierter fragen – ist es gar der göttliche Wille, den Schopenhauer meint? Den Theologen gewinnt der Autor auf diese Weise schon garantiert. Sodann darf er sich auch des philosophischen Laien als Leser sicher sein, da dieser ebenso auf den Ausdruck "Vorstellung" konditioniert ist im Zuge klassischer Erkenntnistheorie. Die Kombination von "Wille" und "Vorstellung" macht das Buch vermutlich attraktiv bei einer prinzipiell umfangreichen Leserschaft, die Schopenhauer wohl auch dringend benötigte im Hinblick auf seine notorische Konkurrenz zu Hegel in Sachen Popularität (insbesondere in Studentenkreisen).

Der Titel des Werks bietet also eine gewisse Anziehungskraft, die er vor allem der metaphysisch fundierten Mehrdeutigkeit der dort verwendeten Begriffe verdankt. So assoziiert man bei erstem Nachdenken darüber sicherlich ebenso das Stichwort "Wirklichkeit" mit dem Ausdruck "Vorstellung": Handelt es sich hierbei nun um Implizitheit oder Gegensätzlichkeit, könnten wir uns zuallererst fragen. Stelle ich mir die Wirklichkeit lediglich v o r , oder gibt es eine a n d e r e Wirklichkeit außerhalb der von mir v o r g e s t e l l t e n ? Somit landen wir exakt wieder bei Kants Unterscheidung zwischen "Ding-an-sich" und "Ding-als-Erscheinung", eine metaphysische Fragestellung, die nicht entscheidbar ist, eben weil sie sprachlich-metaphysischer Natur ist und da-

durch konsequenterweise n i c h t wissenschaftlich.

Nun ist es aber nicht der Begriff "Vorstel-
lung", mit dem Schopenhauer beginnt: das
Rätsel bleibt, warum er im Titel denjenigen des
Willens zuerst nennt. Was ist die Welt dem-
nach vorrangig: "Wille und Vorstellung" oder
"Vorstellung und Wille"? Welcher der beiden
Begriffe behält die Oberhand?

Für Schopenhauer scheint hinsichtlich der
Struktur des Werks beziehungsweise dessen
vier "Bücher" die Vorstellung Priorität zu besitzen. So überschreibt er das Erste Buch mit
"Der Welt als Vorstellung erste Betrachtung:
Die Vorstellung unterworfen dem Satz vom
Grunde: das Objekt der Erfahrung und Wissenschaft". Wie bereits im Falle Kants, so
nimmt die Kausalität ebenfalls bei Schopenhauer ganz offensichtlich einen wichtigen Platz
ein. "Der Satz vom Grunde" wird sozusagen
als M o d u s O p e r a n d i des menschlichen Selbst-
verständnisses anerkannt: Wir beobachten, wir
versuchen ständig, Regelhaftigkeiten, Kausal-
ketten zu erkennen in der Welt, die uns umgibt. Nicht umsonst gibt es etwa im Englischen
eine eher ironisch gemeinte Redewendung, die
da lautet: "Two is a pattern!" – wenn etwas
zweimal geschieht unter denselben (oder ähn-
lichen) Voraussetzungen, dann steckt ein (re-

gelhaftes, kausales) Muster dahinter – so ziehen wir denn auch äußerst oft Schlüsse aus Dingen, aus welchen es gar keine Schlüsse zu ziehen gibt.

Allerdings beginnt Schopenhauer den ersten Paragraphen des Ersten Buches nicht mit solcherlei Überlegungen, sondern er startet mit einem Zitat: "»Die Welt ist meine Vorstellung«" (3). Damit meint er offenbar, eine allgemein akzeptierte Aussage wiederzugeben:

" – dies ist eine Wahrheit, welche in Beziehung auf jedes lebende und erkennende Wesen gilt; wiewohl der Mensch allein sie in das reflektirte abstrakte Bewußtseyn bringen kann: und thut er dies wirklich; so ist die philosophische Besonnenheit bei ihm eingetreten." (3)

Damit ist wiederum dem Solipsismus Tür und Tor geöffnet: Wenn die Welt meine Vorstellung ist, dann gibt es nur diese eine Vorstellung; in meiner Vorstellung stelle ich mir vor, daß die anderen, die ich mir vorstelle, eine fast identische Vorstellung der Welt haben wie ich. Aber sobald ich sage: Die Welt ist meine Vorstellung, impliziere ich zumindest auch, daß einzig ich diese Vorstellung habe und niemand anders; die Welt, wie sie ist, ist so, wie sie sich in meiner Vorstellung präsentiert; sie existiert nur für mich, nur für meine Vorstellung; ich nehme nicht wahr, ich stelle mir nur etwas vor; ich träume demzufolge: Die Welt ist mein Traum (Die Welt ist meine metaphysische Illusion).

Mit dieser Sequenz aus Folgerungen und Umformulierungen / Paraphrasierungen sollte gezeigt werden, als wie vage sich eigentlich der Begriff "Vorstellung" herauskristallisiert. Die lexikalisch-semantischen Assoziationen, die das sprachfähige Individuum mit dem Ausdruck "Vorstellung" verbindet, sind mannigfaltig. "Vorstellung" muß demzufolge ein metaphysischer Begriff sein, der nicht wissenschaftlich verwendet werden kann: Der Begriff "Vorstellung" regt alleine die Vorstellungskraft des Individuums an, sein abstraktes metaphysisches Denkvermögen.

Schopenhauer fährt fort, indem er unmittelbar den Aprioritätsbegriff mit seiner Einleitungsaussage verbindet: Daß die Welt meine Vorstellung ist, sei a priori!

Wir könnten eine solche Aussage als synonym dazu ansehen, daß keinerlei Vorbedingungen bestehen müssen, um eine Vorstellung zu haben. Denn wenn eine Vorstellung (nämlich meine Vorstellung von der Welt) a priori besteht, dann ist sie da – bedingungslos.

Schopenhauer mißachtet damit ebenso wie Kant physiologische Tatsachen. Der Organismus, der sich etwas v o r s t e l l t, muß dazu ausgestattet sein, damit er sich etwas vorstellen k a n n.

Vielleicht wichtiger in einer Gegenargumentation könnte nun die nächste Folgerung sein: Die physiologische Grundausstattung des Menschen erlaubt es ihm (auf abstrakter Ebene) zu kommunizieren; er besitzt S p r a c h e, die im Laufe der Z e i t auch den Begriff "Vorstellung" hervorbrachte. Ein sprachloses Tier kann n i c h t s a g e n: "Die Welt ist meine Vorstellung." Nur ein sprachfähiges Wesen kann diese Aussage machen, obgleich Schopenhauer einwenden würde, daß es auch zuträfe, über jenes sprachlose Tier auszusagen: für dieses Tier ist die Welt, wie sie in seiner Vorstellung erscheint. Damit schreiben wir dem Tier aber automatisch zu, daß es den / einen Begriff von Vorstellung besitzt, daß es ihn sprachlich-kommunikativ verwenden kann, was de facto unmöglich ist.

Den Begriff des A P r i o r i könnte man somit als extrem anthropozentristisch bezeichnen: Wir projizieren Sprache und damit Begrifflichkeit auf alle lebenden Wesen unserer Umgebung, was im Grunde gleichbedeutend ist mit B e w u ß t s e i n.

Der erste Unterschied, den wir zwischen Kant und Schopenhauer sodann feststellen, bezieht sich eben auf den Apriopritätsbegriff: Während Kant Zeit, Raum und Kausalität als apriorische Verstandesbegriffe setzt, integriert Schopenhauer diese in das, was er als "Vorstellung" ansieht, nämlich

"Objekt in Beziehung auf das Subjekt [...], Anschauung des Anschauenden" (4).

Das mag bei spontaner Begutachtung plausibel klingen, kann aber genauso gut umgekehrt werden: Zeit, Raum, Kausalität sind Bedingungen dafür, um eine Vorstellung zu haben; aber ebenso dürfte ich behaupten, daß Zeit, Raum und Kausalität erst in meiner Vorstellung geschaffen werden. Damit beweisen wir erneut, daß das Ganze eine Spielerei mit metaphysischen Begriffen darstellt. Noch radikaler formuliert: Schopenhauer bewegt sich auf oder er erzeugt sogar zweierlei Ebenen der metaphysischen Begrifflichkeit, wobei sich auf deren oberen der Ausdruck "Vorstellung" befindet und auf derjenigen darunter "Raum", "Zeit" und "Kausalität". Im Grunde befinden wir uns im metaphysischen Diskurs, wenn wir uns über den Begriff "Vorstellung" unterhalten und – sofern wir Schopenhauer richtig verstehen – im meta-metaphysischen Diskurs, wenn wir über die Begriffe "Raum", "Zeit" und "Kausalität" sprechen. Das macht aber wiederum keinen Sinn mehr, wenn Schopenhauer behauptet, daß sein Postulat, die Welt sei Vorstellung "von der Gegenwart, so auch von jeder Vergangenheit und jeder Zukunft, vom Fernsten, wie vom Nahen" gelte,

'[…] denn es gilt von Zeit und Raum selbst, in welchen allein sich dieses alles unterscheidet." (4)

Eine geradezu frustrierende Widersprüchlichkeit entsteht durch die obige zirkuläre Abhängigkeit: Zeit, Raum und Kausalität existieren nur in meiner Vorstellung; andererseits sind alle meine Vorstellungen von der Welt abhängig von Zeit, Raum und Kausalität!

Somit sollte deutlich geworden sein, daß Schopenhauers Eingangssatz in mir, dem vorstellenden Subjekt, eine Vorstellung erzeugt hat, die plausibel klingt, in sich aber (zumindest sprachlich-semantisch gesehen) einen Widerspruch hervorbringt. Man könnte als Gegenbehauptung sagen: Die Welt ist nicht so, wie ich sie mir vorstelle, sie ist also nicht meine Vorstellung, sondern sie ist so, wie sie i s t, oder sie ist so, wie sie n i c h t ist, wobei letztere Annahme sogar kompatibel wäre mit Schopenhauers Aussage: Die Welt ist so, wie sie n i c h t ist, denn es gibt nur meine Vorstellung von ihr (meine metaphysische Illusion ihrer).

Damit gelangen wir abermals zum Solipsismus: Die Welt ist nicht, sie existiert nicht; sie existiert einzig in der subjektiven Vorstellung, der metaphysischen Illusion des Subjekts, also des Ichs.

Es wäre verständlich, die obige Argumentation als pure Sophisterei abzutun, doch dies ist genau der springende Punkt: Man vermag Schopenhauers Behauptung in sprachlicher Hinsicht so zu analysieren, daß sich Widersprüche ergeben. Das zeigt uns wiederum die Mehrdeutigkeit, Vagheit von metaphysischer Sprache beziehungsweise von deren Metasprachen auf. Die Idee, der Begriff einer Vorstellung in mir ist zu vage, als daß ich mit dem Ausdruck "Vorstellung" wissenschaftlich umzugehen imstande bin.

Insofern beginnt Schopenhauers Werk mit einem Fehler und keinesfalls mit einer "Verbesserung" von Kants Transzendentalphilosophie, wie Schopenhauer es großspurig angekündigt hatte. Und so lobt er denn auch im Folgenden George Berkeley (4) und dessen Axiom *Esse est percipi* (das Sein liegt im Wahrgenommenwerden, also in der Vorstellung des wahrnehmenden Subjekts, wie Schopenhauer sagen würde), sozusagen dem idealistischen Grundgedanken schlechthin.

Den ersten Paragraphen schließt Schopenhauer mit einem Hinweis auf das Zweite Buch seines Werkes ab, wo die Welt als Wille betrachtet werden soll. Noch aber läßt er an dieser Stelle offen, was genau "Wille" sei. Allerdings verabsäumt er es nicht, Kant in Bezug auf dessen Begriff des "Dinges-an-sich" zu kritisieren, indem er es "erträumtes Unding und dessen Annahme ein Irrlicht der Philosophie" (5) nennt. Doch was sagt Schopenhauer eigentlich anderes als Kant? Er behauptet, die Welt als das, was Kant unter dem Ding-an-sich versteht, ist, wie sie meine subjektive Vorstellung wahrnimmt; ich kann nicht beschreiben, wie sie wirklich ist, sondern nur, wie ich sie mir vorstelle. Das Ding-an-sich, die Welt außerhalb meiner Vorstellung, die "wirkliche" Welt bleibt für mich unerschließbar.

Diese sprachliche Analyse der Hauptaussagen von Kant und Schopenhauer läuft darauf hinaus, daß Letzterer eigentlich nur eine Umformulierung der Annahme des Ersteren präsentiert. Eine solche Auslegung ist wiederum nur aufgrund der defizienten Begrifflichkeit zu erklären, mit der hier geradezu meisterhaft umgegangen wird.

Den Vorwurf – wenn man das überhaupt so nennen darf – des Solipsismus muß sich Schopenhauer ein weiteres Mal gefallen lassen, so man den Auftakt zum zweiten Paragraphen betrachtet:

"Dasjenige, was Alles erkennt und von Keinem erkannt wird, ist das Subjekt." (5)

Der Satz für sich gesehen, bedeutet nämlich: Nur Ich (das Subjekt) erkenne das, was der Fall ist und niemand anders, zumal ich auch keinerlei Aussage über die Vorstellung eines anderen Subjektes treffen kann. Die anderen Subjekte sind für mich sozusagen leer. Sie vermögen es eben auch nicht, mich zu erkennen – radikal formuliert: Ich als Subjekt bin für die anderen das unerkennbare Ding-an-sich!

Schopenhauer seinerseits kommt im Weiteren nicht ohne zusätzliche Widersprüchlichkeiten aus. Er behauptet:

"Wo das Objekt anfängt, hört das Subjekt auf." (6)

Allerdings betont er kurz zuvor, daß das Subjekt nicht in Raum und Zeit liege (6). Das Subjekt kann demnach nirgendwo und zu keinem Zeitpunkt "aufhören". Dennoch bestimmt Schopenhauer im obigen Zitat zumindest eine "räumliche" Grenze des Subjekts, ja: er fordert gar, daß der Leib "Objekt" sei (5), sich also bereits außerhalb dieser räumlichen Grenze des Subjekts befinde.

Man könnte Schopenhauers Darstellungen beziehungsweise Formulierung diesbezüglich ebenso als verzweifelten Versuch interpretieren, einen Leib-Seele-Dualismus zu propagieren, der jedoch, wie gezeigt wurde, aufgrund der widersprüchlichen Verwendung seiner metaphysischen Begrifflichkeit auf grandiose Weise bereits in den Anfängen fehlschlägt.

Gegen Ende des zweiten Paragraphen beschäftigt sich Schopenhauer mit der Kausalität und behauptet vom Satz vom Grunde, daß er

"[…] der gemeinschaftliche Ausdruck für alle diese uns a priori bewußten Formen des Objekts ist, und daß daher Alles, was wir rein a priori wissen, nichts ist, als eben der Inhalt jenes Satzes und was aus diesem folgt, in ihm also eigentlich unsere ganze a priori gewisse Erkenntniß ausgesprochen ist." (6)

Wir entdecken in einer solchen Aussage eigentlich kaum etwas anderes, als was wir bereits bei Kant gesehen haben: die Annahme von "Erkenntnissen" a priori, die sogenannten Verstandesbegriffe und hier im Besonderen denjenigen der Kausalität. Hier – wie bei Kant – gilt es einzuwenden: Wie entsteht der Begriff der Kausalität? Er ist nicht einfach da. Das Individuum muß ihn entdecken. Und dazu benötigt es Sprache. Ohne Sprache gibt es keinen Begriff der Kausalität – den Satz vom

Grunde vermögen wir erst, mit Sprache zu formulieren.

Geht es um das, was Kant einen "Verstandesbegriff" nennt, sollten wir vielleicht eher einen anderen Ausdruck verwenden, der das apriorische Element verbannt: Die Sprache kreiert in uns scheinbare Grundkategorisierungen des Lebens, ohne die wir offensichtlich nicht auskommen, insbesondere dann, wenn wir so etwas wie Wissenschaft betreiben. Wir sind gezwungen, ein Gerüst logischer Natur aufzubauen, in welches wir die Welt einordnen können. Das, was sowohl Kant als auch Schopenhauer a priori im Menschen vorhanden sehen, ist demnach nichts außer linguistisch-sozialer Konvention, die im Prinzip jeder anerkennt, sobald er sich die Sprache mehr oder weniger vollständig angeeignet hat. Es ist erst die Sprache, die unsere Verstandesbegriffe oder Grundkategorisierungen der Welt erzeugt.

Dennoch darf sodann die Sprache ebenfalls nicht als a priori verstanden werden, zumal sie sich nicht "katastrophisch" zeigt, mit einem Mal plötzlich da, sondern sich im Individuum entwickelt – wir müssen ihr einen zeitlichen Faktor zugestehen beziehungsweise attribuieren, womit wir erneut zum Ausgangspunkt der ganzen Problematik gelangen: Zeit ist ein sprachliches Phänomen; Sprache ist stets gezwungen, Sprache zu erklären – wir drehen uns irgendwann im logisch-linguistischen Kreis, aus dem es uns nicht gelingen kann zu entkommen.

Schopenhauer scheint weit davon entfernt zu sein, dies zu erkennen. Vielmehr setzt er unbeirrt im Paragraphen Drei mit einer Unterscheidung zwischen "Intuitivem" und "Abstraktem" fort (7), die – wenn man es ironisch formulieren wollte - "intuitiv" einleuchtet, aber sich, genau genommen, in eben erwähntem logisch-linguistischen Kreis festfährt. Schopenhauer bezeichnet das "Abstrakte" eigentlich als das, was den Menschen vom Tier trennt. Unser abstraktes Denkvermögen ermangelt der übrigen Fauna demnach, man nenne das auch "Vernunft".

Doch der Vernunftbegriff versinnbildlicht auf eindrucksvolle Weise jegliche metaphysische Herangehensweise an die sogenannte Realität. Seine Abstraktheit eröffnet unzählige Möglichkeiten metaphysischer Interpretation; in unserem Vorstellungsvermögen bilden sich mehrere Deutungen für diesen speziellen Ausdruck; wir sind gezwungen, Kontextualisierungen zu entwerfen, die eventuell mehr verwirren als aufklären. Der abstrakte Begriff einer Zahl ist im Vergleich dazu das krasse Gegenteil, er kann an Eindeutigkeit nicht überboten werden. Was Schopenhauer dementsprechend zuallererst erläutern müßte, wäre die Differenzierung zwischen metaphysischer und mathematischer Abstraktion. Er behandelt allerdings Erstere in derselben Weise wie Letztere, indem er gerade beim einleitenden Beispiel des Vernunftbegriffs eine absolute Eindeutigkeit präsupponiert; er geht sogar noch weiter und attestiert den Vernunftprinzipien von Kausalität, Raum und Zeit, daß sie die Voraussetzung für die "Mathematik mit ihrer Unfehlbarkeit" (8) bilden:

"[...] so ist es doch eine nicht minder beachtenswerte Eigenschaft derselben [der Mathematik; RAH], daß der Satz vom Grunde, der die Erfahrung als Gesetz der Kausalität und Motivation, und das Denken als Gesetz der Begründung der Urtheile bestimmt, hier in einer ganz eigenthümlichen Gestalt auftritt, der ich den Namen G r u n d d e s S e y n s [sic] gegeben habe, und welche in der Zeit die Folge ihrer Momente, und im Raum die Lage seiner sich ins Unendliche wechselseitig bestimmenden Theile ist." (8)

Schopenhauer operiert hier mit bedeutungsleeren Ausdrücken wie "Moment" und "Unendlichkeit", die sich wiederum auf unterschiedlichen Gebieten der Abstraktion bewegen: Der Begriff "Moment" unterstützt im Prinzip lediglich die metaphysische Illusion der Zeit, indem von einer Abfolge der Momente gesprochen wird, die die Zeit quasi definiert. Die Zeit wird hier also geometrisch behandelt, was zwangsläufig zu Paradoxa und letztendlich auch zum Begriff der Unendlichkeit führt, der eigentlich nur dazu dient, das für den Menschen als von der Sprache abhängigem Wesen nicht Erklärbare zu metaphorisieren. "Nicht erklärbar" will heißen: Unsere Sprache stellt nicht die Mittel bereit, um solcherlei "Dinge" zu erhellen, sie in unzweideutiger Weise darzustellen – die Sprache erreicht ihre "Grenze" genau mit derlei Begrifflichkeit. "Kausalität", "Raum", "Zeit", "Unendlichkeit" sind als metaphysische Begriffe der menschlichen Sprache nichts als Zeichen unserer Machtlosigkeit, die Welt in ihrer Gesamtheit zu erfassen.

Im obigen Zitat verschlimmert Schopenhauer das metaphysische Element, indem er die Phrase "Grund des Seyns" einstreut sowie das "Denken" erwähnt: Er postuliert, daß der Satz vom Grunde als Basis unserer gesamten Existenz zu sehen sei, obgleich dieser lediglich eine reine Emergenz aus sprachlichen Inhalten und Strukturen darstellt – erst, wenn wir im Besitz der Sprache mit all ihren semantischen / lexikologischen Besonderheiten sind, "sehen" wir die Kausalität in der Welt um uns herum. Und genauso problematisch verhält es sich mit Schopenhauers Definition des Denkens als "Gesetz der Begründung der Urtheile": Der Bereich des Denkens wird hier äußerst eingeengt, indem die Definition unzulässige Präsuppositionen enthält, die man wiederum auf grundlegende sprachlich-linguistische Elemente zurückführen muß; dem Denken geht nämlich die Begriffsbildung beim Individuum voraus. Denken ohne (abstrakte) Begriffe ist nicht möglich. Der Begriffsbildung aber geht die (Fähigkeit zu) Sprache voraus – wenn wir dies überhaupt so "temporal", so zeitabhängig formulieren dürfen. Vielleicht sollten wir eher sagen: Denken beinhaltet Begriffsbildung; Begriffsbildung beinhaltet Sprache – will heißen: Denken ist Sprache. Und mit Hilfe der Sprache stellen wir sodann erfahrungsbasiert Urteile auf, die wir zu begründen haben – mit sprachlichen Mitteln.

Dementsprechend leitet sich Schopenhauers "Grund des Seyns" weniger vom Satz vom Grunde ab, sondern vielmehr von der "Sprache-an-sich". Das "Seyn" liegt nicht im Wahrgenommenwerden (siehe oben), sondern in der Sprache: Esse est lingua.

Weil Schopenhauer dies nicht erkennt, ist es für ihn auch nur folgerichtig, den Faktor Zeit als essentiell für den Satz vom Grunde anzusehen (8). Allerdings weiß er sich nicht anders zu helfen, eben diesen "Beitrag" der Zeit zum Satz vom Grunde in kindlich-bildhafte, eben metaphysische Worte zu packen:

"Wie in ihr [der Zeit; RAH] jeder Augenblick nur ist, sofern er den vorhergehenden, seinen Vater, vertilgt hat, um selbst wieder eben so schnell vertilgt zu werden; wie Vergangenheit und Zukunft (abgesehen von den Folgen ihres Inhalts) so nichtig als irgend ein Traum sind, Gegenwart aber nur die ausdehnungs- und bestandlose Gränze zwischen beiden ist; eben so werden wie [sic] die selbe Nichtigkeit auch in allen andern Gestalten des Satzes vom Grunde wiedererkennen und einsehn, daß wir [sic] die Zeit, so auch der Raum, und wie dieser, so auch Alles, was in ihm und der Zeit zugleich ist, Alles also, was aus Ursachen oder Motiven hervorgeht, nur ein relatives Daseyn hat, nur durch und für ein Anderes, ihm gleichartiges, d.h. wieder nur eben so bestehendes, ist." (8/9)

Schopenhauer wirkt an dieser Stelle tatsächlich hilflos, so daß er bei einem idealistischen Relativismus Zuflucht nimmt. Die Grundaussage bleibt jedoch wie bei Kant dieselbe: die Welt sei Vorstellung; wobei Schopenhauer das nochmals drastischer formuliert – die Dinge würden nur "relativ" wahrgenommen, von

"Gleichartigem"; letztendlich befänden sich die Dinge aber in einer Dimension der "Nichtigkeit", will heißen: Das Ding-an-sich existiert gar nicht wirklich, sondern nur so, wie ich es wahrnehme. Damit wären wir abermals beim genauen Gegenteil angelangt von dem, was oben eruiert wurde. Ohne Unterlaß stoßen wir also bei solcherlei metaphysischen Disputen auf Widersprüchlichkeiten. Nichts gilt. Nichts hat Bestand, was Schopenhauer auch so sieht, wenn er auf den Herakliteischen Spruch "Panta rhei!" ("Alles fließt!"; 9) hinweist. Und im selben Atemzug vergißt er auch nicht, Platons Unterscheidung zwischen "Werden" und "Sein" zu erwähnen, ein metaphysisches Pseudo-Problem, das uns als weiteres mahnendes Beispiel für die Unzulänglichkeiten der menschlichen Sprache dienen soll: demgemäß sind die Ideen das "wahre Seiende" und die Objekte der Wahrnehmung das "Werdende", aber eben niemals "Seiendes". Ganz nüchtern darf dem die Frage entgegengesetzt werden, woher denn die Ideen kommen. Die einzig mögliche Antwort darauf: Sie entspringen dem "Werdenden", den materiellen Grundlagen des menschlichen Gehirns. Insofern ist

Sein **gleich** Werden.

Abermals stolpern wir über einen Widerspruch, der sich aus dem Zeitbegriff ergibt –

der Prozeß wäre demgemäß synonym mit dem Zustand. Es gibt keinen feststehenden Zeitpunkt, genausowenig wie es eine "Abfolge" von Zeitpunkten oder Augenblicken / Momenten gibt. Wir werden prektisch getäuscht von der metaphysischen Illusion der Zeit. Nichts anderes sagt auch Schopenhauers Rekurs auf die indische Philosophie gegen Ende des dritten Paragraphen aus, wo von unserer Wahrnehmung der weltlichen Dinge als einem "Traum" gesprochen wird.

Wenn Schopenhauer sodann als Fazit des betreffenden Paragraphen den Indern quasi seine Sichtweise ("die Welt als Vorstellung unterworfen dem Satz vom Grunde", 9) zuschreibt, dürfen wir das wie folgt modifizieren: Die Welt ist meine metaphysische Illusion unterworfen den Unzulänglichkeiten der menschlichen Sprache.

Schopenhauers Einleitungssatz des Paragraphen Vier wandelt sich dementsprechend zu einem sinnleeren Gebilde:

> "Wer die Gestalt des Satzes vom Grunde, welche in der reinen Zeit als solcher erscheint und auf der alles Zählen und Rechnen beruht, erkannt hat, der hat eben damit auch das ganze Wesen der Zeit erkannt." (9)

Wie ist der Satz vom Grunde denn gestaltet? Er postuliert, daß ein Ereignis B immer dann eintritt, wenn zuvor das Ereignis A stattfand; A ist die Ursache von B. Das Verhältnis zwischen A und B ist also nicht nur ein rein zeitliches, sie folgen nicht nur einander, sondern das eine ist ursächlich für das andere. Der Satz vom Grunde ist abhängig vom Zeitbegriff, welcher wiederum einzig als metaphorische Hilfestellung der Sprache dient, um mit dem, was Schopenhauer "Wirklichkeit" nennt, zurechtzukommen, es zu verarbeiten.

Schopenhauer spricht von "reiner" Zeit, bleibt aber eine Erklärung dieser angeblichen Reinheit schuldig. Was unterscheidet "normale" Zeit von "reiner" Zeit? Nehmen wir "reine" Zeit im Vergleich zur "normalen" überhaupt nicht wahr? Ist demzufolge – um in die Redeweise Kants zu verfallen - "reine" Zeit gleichzusetzen mit Zeit an sich, die uns auf immer verborgen bleibt? Das obige Zitat suggeriert, daß Schopenhauer "reine" Zeit mit reiner Mathematik identifiziert, zumal er die Korrelation zwischen Zählen / Rechnen und Zeit betont. Dabei läßt er sich jedoch von der Tatsache blenden, daß wir per Konvention Einheiten der Zeit aufgestellt haben, damit die Zeit zählbar wird. Selbstverständlich beansprucht Zählen und Rechnen für denjenigen, der dies unternimmt, in dessen Wahrnehmung "Zeit", was allerdings nicht bedeutet, daß Zählen / Rechnen / Mathematik abhängig von der Zeit sind. Man könnte sagen, daß mathematische Axiome abstrakte Gültigkeit besitzen. Für eine solche Gültigkeit benötigen sie keinerlei Zeit, um es profan auszudrücken. Der Mensch hingegen, der sie überprüft oder anwendet, muß dafür Zeit investieren – jedenfalls in seiner Wahrnehmung. Gewissermaßen verstehen wir Schopenhauer also mit seinen Ansprüchen und Postulaten, wir können sie durchaus nachvollziehen; das ändert jedoch nichts an der Tatsache, daß sie zu Widersprüchen führen, die als sprachinhärent zu betrachten sind, der Sprache innewohnend, insbesondere dann, wenn es sich um Sprache handelt, die mit metaphysischer Begrifflichkeit durchsetzt ist, eben wie sie von Schopenhauer verwendet wird. Insofern verwundert es wenig, daß er die Metaphysik über die Physik setzt mit seiner Einschätzung des Verhältnisses zwischen Raum und Zeit einerseits sowie Materie andererseits:

"Zeit aber und Raum, jedes für sich, sind auch ohne die Materie anschaulich vorstellbar; die Materie aber nicht ohne jene." (10)

Schopenhauers Verunsicherung an dieser Stelle kommt in der tautologischen Phrase "anschaulich vorstellbar" zum Vorschein: Wenn etwas vorstellbar ist, dann schaue ich dieses Etwas bereits in meiner Vorstellung an und auch umgekehrt – wenn ich etwas "anschaue", erscheint es bereits in meiner Vorstellung. Geht es nun um den Begriff der Materie, so muß Schopenhauer widersprochen werden, zumal es eben dieser Begriff ist, der allen anderen Begriffen vorausgeht, ein Begriff, der vor der Sprache existiert. Das gegenständliche Materielle ist das Erste, wonach ein Wesen, das diese Welt betritt, "greift". Mein erster Begriff ist derjenige der Materie, die mich umgibt, und dazu benötige ich weder die Sprache noch die Begriffe von Zeit und Raum, die ich ohnehin erst später (durch die Sprache) erwerbe. Mein Körper ist Materie, und dessen bin ich mir (auch ohne Sprache zu besitzen) von Beginn an gewahr. Den Namen "Materie" gebe ich ihm / lerne ich zwar erst später, aber den Begriff der Materie bilde ich spätestens bei meiner Geburt.

Schopenhauer allerdings fährt sich in traditionell-metaphysischer Begrifflichkeit fest und folgt hierbei (sicherlich nicht unbedingt beabsichtigt) Kant. Die Frage nach der Realität der Außenwelt sieht er im Unterschied zu einem Materialisten als "aufgehoben" durch eine Kombination von Kausalität, Unterscheidung zwischen Subjekt und Objekt sowie der "eigentlichen Beschaffenheit der sinnlichen Anschauung" (18). Damit schließt er sich Kants Postulat der prinzipiellen Unerkennbarkeit des

Dinges-an-sich an. In Extremform drückt er dies durch die Frage "ist nicht etwan das ganze Leben ein Traum?" (19) aus. Selbst wenn er das nicht ernst meint: allein die Frage zu stellen, setzt ein anderes metaphysisches Scheinproblem außer Kraft. Sofern das Leben ein Traum ist, geschieht alles ohne die geringste Einflußnahme meinerseits – ich bin ein Spielball innerhalb des Traumes; das Ende ist vorprogrammiert von "demjenigen", der/das den Traum bei mir hervorruft.

Ohnehin wäre es absolut irrelevant, welchen Status Begriffe wie "Raum", "Zeit" und "Kausalität" hätten – ob nun a priori oder nicht -, falls das Leben in einem Traum bestünde; der Traum "gäbe" uns einfach diese Begrifflichkeit. Andererseits könnte ich auch nicht die Behauptung aufstellen, daß das Leben ein Traum sei, ohne Sprache zu besitzen. Der Begriff "Traum" ist ebenso Bestandteil dieser Sprache wie alle anderen hier analysierten Begriffe. Es wäre demnach auch legitim zu sagen, daß mein Leben als Traum eine Realität / Wirklichkeit hat, die nicht zu leugnen ist. Ich bin eigentlich stets in der Lage, zwischen meinem Leben als Traum und einem Traum innerhalb dieses Traumes zu unterscheiden. Somit erhalte ich automatisch eine weitere Verkomplizierung der Sachlage durch metaphysische

Begrifflichkeit – Traum der Realität im Gegensatz zu Traum im Realitätstraum. Derartige Sophisterei vermag diesen gesamten Diskussionszusammenhang zu entwerten. Die Sprache gibt uns damit ein Werkzeug, um sie selbst zu zerstören: das, was man im Volksmund als "einem das Wort im Mund herumdrehen" nennt. Dies ist allein mit metaphysischer Begrifflichkeit möglich, wo semantische Inhalte zu konnotativ-mehrdeutig sind, als daß man sie vernünftig anwenden könnte.

Auch Schopenhauer tappt nun in die Falle, den metaphysischen Begriff "Traum" zu behandeln wie einen denotativ-exakten physischen. Er sucht ein Kriterium, welches eindeutig Traum von Wirklichkeit unterscheidet. Damit scheitert er erwartungsgemäß kläglich. In seiner Hilflosigkeit zieht er ein Gleichnis heran, in welchem er Traum und Wirklichkeit als Blätter ein und desselben Buches ansieht. Damit meint er, die Brücke zu dem von ihm so wichtig erachteten Satz vom Grunde (Kausalität) zu schlagen: Das wirkliche Leben ist für ihn vergleichbar mit dem zusammenhängenden Lesen des Buches – ein Gedanke folgt dem anderen in kohärenter Weise. Der Traum hingegen steht für Schopenhauer als Schmökern einzelner Seiten in diesem Buch – der Zusammenhang geht größtenteils verloren; man nimmt nur Ausschnitte, Fragmente auf (21).

Übersetzen wir das Ganze ins philosophische System Schopenhauers, so dürfen wir annehmen, daß im Traum die Kausalität (des wirklichen Lebens) merklich in Teilen außer Kraft gesetzt ist.

Im Prinzip ändert Schopenhauers Gleichnis allerdings nichts an der Unlösbarkeit dieses metaphysischen Scheinproblems. Die Haupthürde, die sich dem Philosophen hier in den Weg stellt, ist eben die Sprache. Sie gibt uns überhaupt erst den Begriff des Traums. Und eines Traums während unseres Schlafs entsinnen wir uns erst dann, wenn wir ihn versprachlicht haben. Wir könnten einen Traum nicht schildern ohne Sprache. Der Traum wäre ohne Sprache nicht da. Insofern wäre Schopenhauers Buch-Gleichnis gar nicht so verfehlt: Das Buch steht für die Sprache. Es ist Voraussetzung für den Traum.

Im folgenden Paragraphen Sechs wendet sich Schopenhauer in abgewandelter Form der Frage von oben, ob Leben ein Traum sei, zu. Das philosophische Problem bei seiner Analyse der Realität der Außenwelt tritt sofort zutage: Gehört mein Körper zur Objektwelt oder ist er Teil des wahrnehmenden Subjekts? Schopenhauer spricht vom eigenen Leib als "unmit-

telbarem Objekt", einer weiteren Verkomplizierung also. Das mittelbare Objekt ist demzufolge die wahrnehmbare Außenwelt außerhalb
meines Körpers, wohingegen ich meinen Körper als Teil dieser Außenwelt "unmittelbarer"
perzipiere. Überspitzt interpretiert, wäre mein
Körper das Ding-an-sich, das ich so wahrnehme, wie es wirklich ist, weil es Teil des wahrnehmenden Subjekts selbst ist. Der Widerspruch programmiert sich bei der Unterscheidung zwischen mittelbarem und unmittelbarem Objekt selbst vor, zu welchem es bei einer
materialistischen Grundsatzhaltung überhaupt
nicht kommen kann. Dort vereinigen sich Subjekt und Objekt. Wohlgemerkt ist das eine metaphysische Ausdrucksweise für einen rein
physischen Sachverhalt, zumal ich einzig meine defizitäre Sprache zur Verfügung habe, um
diesen Sachverhalt zu beschreiben. Vereinfacht
gesagt: Materie nimmt Materie wahr. Mein
kognitiver Apparat, bestehend aus Materie,
perzipiert die materielle Außenwelt. Er ist mit
ihr eins. Meine Sprache, die dieser Materie
entspringt, also ebenfalls Materie ist, vermag
mit ihren begrenzten Möglichkeiten, dieses
Faktum darzustellen – Materie beschreibt Materie. Die Einheit der Materie hebt somit eine
metaphysische Differenzierung zwischen Subjekt und Objekt beziehungsweise mittelbarem

und unmittelbarem Objekt endgültig auf. Daß dazu auch eine Notwendigkeit besteht, zeigt uns eine weitere Schwierigkeit, in welche Schopenhauer etwas später in besagtem Paragraphen Sechs gerät, wenn er behauptet, daß Tiere einen "Verstand" hätten, daß deren "Leiber unmittelbare Objekte" (24) seien in gleichem Maße wie die menschlichen.

Um einen (metaphysischen) Verstand zu besitzen, müßten Tiere der Sprache mächtig sein. Verstand zu haben, bedeutet, etwas zu v e r - s t e h e n, was einem zuvor kommuniziert wurde. V e r s t e h e n impliziert Sprache und das Vorhandensein von Begrifflichkeit. Solcherlei Eigenschaften können wir keinem Tier zuschreiben.

Schopenhauers anthropomorphe Sichtweise in Bezug auf die Tierwelt kulminiert in der Bemerkung:

> "[…] denn sie alle [die Tiere; RAH] erkennen Objekte, und diese Erkenntniß bestimmt als Motiv ihre Bewegungen." (24)

"Erkenntnis" gilt als Synonym für "Wissen". Wissen existiert nur in sprachlicher Gestalt. Kein Tier kann Wissen "besitzen", da es ihm an Sprache mangelt.

Schopenhauer weicht diesem Widerspruch dadurch aus, daß er beim Vergleich zwischen Mensch und Tier von einer unterschiedlichen

"Ausdehnung seiner Erkenntnißsphäre" (24) spricht, was so viel bedeutet wie, daß der Mensch weitreichendere Erkenntnis habe.

Dies möge als zusätzlicher Nachweis dienen, wie vage metaphysische Begrifflichkeit zu sehen ist. Die Differenzierung zwischen Verstand und Vernunft allein verdeutlicht das abermals. Schopenhauer versucht sich an ihr etwas weiter unten, wenn er postuliert:

"Das durch die V e r n u n f t [sic] richtig Erkannte ist W a h r h e i t [sic], nämlich ein abstraktes Urtheil mit zureichendem Grunde […]: das durch den V e r s t a n d [sic] richtig Erkannte ist R e a l i t ä t [sic], nämlich richtiger Uebergang von der Wirkung im unmittelbaren Objekt auf deren Ursache." (29)

Auf den ersten Blick scheint die Einbeziehung der Abstraktion bei der Vernunft-Definition intuitiv einzuleuchten, doch fragt man sich, ob das nicht beinahe im selben Maße beim Verstand notwendig ist. Der Verstand "reflektiert", er ist nicht bloße Wahrnehmung. Nicht umsonst kann im Englischen das Wort "reason" sowohl für "Vernunft" als auch für "Verstand" verwendet werden. Die Konnotationen für die beiden Begriffe variieren, wir können uns nur grob auf deren Inhalt einigen, was sie in wissenschaftlicher Hinsicht beinahe unbrauchbar macht. Vielleicht ergäbe es mehr

Sinn, generell von einem "kognitiven Apparat" auszugehen, der sich bei Mensch und Tier insbesondere dadurch unterscheidet, daß der Mensch eben Sprache beziehungsweise Sprachfähigkeit besitzt, die Teil dieses kognitiven Apparates ist.

Es fasziniert, daß Schopenhauer bei seiner Unterscheidung zwischen Vernunft und Verstand praktisch identische Formulierungen wählt. Die Phrase "das richtig Erkannte" sticht förmlich ins Auge: Wenn wir die beiden abstrakten Begriffe "Vernunft" und "Verstand" so definieren wie Schopenhauer, dann gibt es eigentlich keine Differenz zwischen Wahrheit und Realität.

Ohnehin erzeugt Schopenhauer abermals einen Widerspruch zu seinem obersten Axiom, daß die Welt (lediglich) Vorstellung sei: Da "sein" Verstand die Realität "richtig erkennt", kann diese Wirklichkeit nicht bloße Vorstellung sein.

Zudem gerät Schopenhauer in ebenso tiefes Fahrwasser, wenn er den Wahrheitsbegriff in Zusammenhang mit seiner Vernunft-Definition bringt. Wir sehen hier, welche vielschichtigen Konnotationen "Wahrheit" haben kann. Meint Schopenhauer mathematische Wahrheit? Dies bleibt zur Gänze unklar. Wie eben angedeutet wurde, kann in manchen Kontexten

"Wahrheit" als synonym zu "Realität" / "Wirklichkeit" gesehen werden. Wenn ich etwas als "wirklich" / "real" w a h r -nehme, heißt das für mich, daß es w a h r ist. Ohnehin arbeitet Schopenhauer zusätzlich mit dem Adjektiv "richtig" – das "r i c h t i g Erkannte". Wenn etwas richtig ist, dann ist es auch wahr. Bietet uns Schopenhauer also mit seiner Vernunft- und Verstandesdefinition nichts anderes als eine Tautologie, eine Scheinaussage an?

Die linguistischen Fallen, in die Schopenhauer tappt, setzen sich im folgenden Paragraphen Sieben fort, wo er zu einem Generalangriff gegen den Materialismus ausholt (32ff). Sein Basisargument gegen diese philosophische Position liegt erneut auf der Kausalität begründet, das unumstößliche Ein und Alles für ihn, wie es scheint, das förmlich seine Denkkanäle blockiert.

Gemäß Schopenhauer sieht der Materialismus die Welt als "bloße Modifikation der Materie, ein durch Kausalität herbeigeführter Zustand derselben" (32). Das bietet ihm selbstverständlich die Gelegenheit, den Materialismus auf sprachlich-metaphysischer Ebene anzugreifen, indem er sein eigenes System von Subjekt-Objekt-Unterscheidung sowie die Interaktion zwischen den beiden Pseudo-Entitäten anführen kann. Er meint, den Materialismus ad absurdum zu führen, da dieser Subjekt und Objekt miteinander identifiziere. Auf metaphysischer Ebene muß ihm zwar recht gegeben werden, aber auf physischem Niveau ergibt eine Trennung von Subjekt und Objekt keinerlei Sinn. All dies ändert wiederum nichts an der Tatsache, daß wir uns in einem solchen Fall erneut nur Sophistereien hingeben. Die Sprache stellt ganz simpel ein mehr als unzulängliches Mittel bereit, um die Welt zu erklären. Daher muß nun einmal auf lebensweltliche Pragmatik verwiesen werden, und hier obsiegt eindeutig der Materialismus, weil ohne sein Dazutun unser technologischer Fortschritt ein Ding der Unmöglichkeit gewesen wäre.

Die Welt ist potentiell materialistisch vollständig erklärbar, jedoch wird auch in dieser Hinsicht die Sprache hinderlich sein, zumal sie – wie mehrmals betont wurde – ein defizientes kommunikatives Mittel bereitstellt. Dennoch vermag die Sprache die Welt materialistisch zu beschreiben und vor allem zu analysieren, in ihre Einzelteile zu zerlegen, weshalb der Mensch auch in der Lage ist, die natürliche Welt künstlich nachzubilden. Die Materialanalyse kann als so weit fortgeschritten angesehen werden, daß organische Stoffe artifiziell herstellbar sind oder zumindest Materialien, die sich mit vergleichbaren organischen Stoffen perfekt "ver-

tragen". Man nehme als eindrucksvolles Beispiel etwa das Composite, das der Zahnarzt
verwendet, um dem Patienten einen kariösen
Zahn zu füllen. Das Composite zeigt sich als
mit dem organischen Material des Zahns kompatibel in einem Grad, der es erscheinen lassen
könnte, als ob das Composite der Zahn selbst
sei. So wird es zumindest das "unmittelbare
Objekt" (ich) Schopenhauers wahrnehmen.
Und wenn wir auf diese Weise wieder bei jenem "unmittelbaren Objekt" angelangt sind, so
dürfen wir Schopenhauers Kritik am Materialismus auch auf metaphysischer Ebene entwerten: Seine Unterscheidung zwischen unmittelbarem und mittelbarem Objekt bedeutet im
Prinzip nichts anderes als die angebliche Ver-
schmelzung von Subjekt und Objekt, derer
Schopenhauer den Materialismus bezichtigt.
Das Ich ist zugleich Subjekt und Objekt, es ist
sowohl unmittelbares als auch melbares Objekt. Das Ich ist Materie. Ein von Schmerzen geplagter Mensch, der Medikamente ein-
nimmt, um eben jene Schmerzen zu lindern,
wird das gerne bestätigen.

Korrekterweise bemerkt Schopenhauer, daß
"das Ziel und das Ideal aller Naturwissenschaft ein völlig durchgeführter Materialismus" (33) sei. Er gibt sich allerdings mehr als
skeptisch, wenn es darum geht, ob eben ein

solcher konsequenter Materialismus eine vollständige Erklärung liefern kann, zumal

"[…] nämlich alle Wissenschaft im eigentlichen Sinne, worunter ich die systematische Erkenntniß am Leitfaden des Satzes vom Grunde verstehe, nie ein letztes Ziel erreichen, noch eine völlige Erklärung geben kann, weil sie das innerste Wesen der Welt nie trifft, nie über die Vorstellung hinaus kann, vielmehr im Grunde nichts weiter, als das Verhältniß einer Vorstellung zur andern kennen lehrt." (33/34)

Wir dürfen hier abermals unterstreichen, daß Schopenhauer einen Schritt zu weit geht, indem er (sich dessen überhaupt nicht bewußt) seinen Satz vom Grunde wie auch das, was er unter "Vorstellung" versteht, der Sprache voranstellt und die beiden nicht als Kreation der Sprache betrachtet. Unsere Beschreibungen beziehungsweise Erklärungen mögen die Welt zwar nie hundertprozentig erfassen, aber in sprachlicher Hinsicht und bei einem vorausgesetzten Materialismus tun sie das in durchaus zufriedenstellender Weise, wie eben auch die oben erwähnte Materialforschung unserer Tage eindrucksvoll demonstriert.

Auf einem ganz anderen Blatt Papier steht daraufhin Schopenhauers Prognose für die Zukunft der Wissenschaft: Kategorisch schließt er die vollständige Erklärung der Welt aus. Mit einer derartigen Aussage sollte er vorsichtiger umgehen, auch wenn unsere Sprache ihre Schwächen hat, indem sie auf jeder Ebene – sogar auf der naturwissenschaftlichen – zu viele metaphysische Elemente enthält. Es erscheint durchaus denkbar, daß wir dereinst in der Lage sind, unsere Sprache zu "verbessern", sie tauglicher zu machen dafür, Dinge zu leisten, die Schopenhauer auf alle Ewigkeit für unmöglich erachtet. Ohnehin muß man bedenken, daß er zu einer Zeit lebte, da die Naturwissenschaft beileibe noch nicht auf dem Stand war, den wir heute schlichtweg voraussetzen. Vermutlich hätte Schopenhauer seine Ansichten grundlegend revidiert, wenn er mit dem gegenwärtigen Status quo der modernen Naturwissenschaft konfrontiert gewesen wäre.

Einen Großteil des Restes des siebten Paragraphen verwendet Schopenhauer im Anschluß dafür, eine Generalkritik an der Philosophie J.G. Fichtes vorzunehmen, die insbesondere in der Anschuldigung kulminiert, Fichte habe sich zu sehr von Kants Begriff des Dinges-ansich leiten lassen, dem jedoch Schopenhauer selbst sehr verpflichtet ist, so man seine Subjekt-Objekt-Betonung wie auch das Insistieren darauf zeigt, daß die Welt "Vorstellung" sei: Das Schopenhauersche mittelbare Objekt muß dem Ding-an-sich Kants entsprechen; das Subjekt (unmittelbares Objekt) hat eine Vorstellung davon, erkennt es aber nie so, wie es ist. Wo soll hier der Unterschied zu Kants Postulaten sein? Die Differenz besteht im modifizierten sprachlichen Gewand, in welchem uns Schopenhauer diesen metaphysischen "Sachverhalt" präsentiert.

Wer hernach von Paragraph Acht eine Präzisierung seiner metaphysischen Begrifflichkeit von Schopenhauer erwartet, wird herb enttäuscht: Dort erwähnt er nun die "Reflexion" als Merkmal der Vernunft sowie auch die "Besonnenheit" quasi als Resultat jener Reflexion innerhalb "anschaulicher Erkenntniß" (43). Dies führt ihn erneut zu den Unterschieden zwischen Mensch und Tier: Beim Menschen steht für Schopenhauer die "reflektierende" Vernunft, die zu Besonnenheit führe und dem Menschen gestatte, über verschiedene Zeiten nachzudenken, während das Tier einzig in der Gegenwart lebe und im Prinzip abhängig von dem sei, was Schopenhauer "Dressur" nennt (44). Der entscheidende Denkfehler, den er bei der ganzen Sache begeht, zeigt sich endlich in dem Moment, da er die Sprache miteinbezieht:

"Das Thier theilt seine Empfindung und Stimmung mit, durch Geberde und Laut; der

Mensch theilt den andern Gedanken mit, durch Sprache oder verbirgt Gedanken, durch Sprache. Sprache ist das erste Erzeugniß und das nothwendigste Werkzeug seiner Vernunft: daher wird im Griechischen und Italienischen Sprache und Vernunft durch das selbe Wort bezeichnet: ὁ λογος, *il discorso* [sic]." (44)

Demnach ist die Vernunft v o r der Sprache da, die Vernunft erzeugt Sprache, sie ist ursächlich für die Sprache, was sich aber genau umgekehrt verhält: Ohne die Sprache hätten wir keinen Vernunftbegriff! Materielle Dispositionen sind dafür verantwortlich, daß wir Sprache auszubilden in der Lage sind. Erst wenn wir die Sprache beherrschen, verstehen wir (ungefähr – da es sich um einen vagen metaphysischen Begriff handelt -), was Vernunft sein könnte. Die Sprache gibt uns Gedanken, die wir dann selbstverständlich durch sie weiterzukommunizieren vermögen.

Schopenhauers Metapher der Sprache als "Werkzeug der Vernunft" hilft überhaupt nicht weiter, sondern verschleiert wiederum den faktischen Sachverhalt. Wenn wir so wollen, zeichnet die Sprache verantwortlich dafür, daß der Mensch so etwas wie Vernunft besitzt, da sie deren Begriff erst kreiert. Das alles ändert jedoch nichts daran, daß wir diesen gesamten

Diskurs auf metaphysischer Ebene durchführen, was so viel bedeutet wie, daß er eigentlich fruchtlos bleibt. Erst die Ableitung des Ganzen aus materiellen Gegebenheiten verleiht der Erörterung die notwendige Substanz.

Schopenhauer hebt in obigem Zitat bemerkenswerterweise hervor, daß die Wörter "Sprache" und "Vernunft" im Altgriechischen wie auch im Italienischen angeblich mit denselben Ausdrücken bezeichnet würden. Im Falle des griechischen λόγος mag das vielleicht noch begrenzt zutreffen; man beachte hierbei allerdings, daß genau dieses griechische Wort mit noch einigen anderen Varianten übersetzt werden kann. "λόγος" ist einer der problematischsten Ausdrücke der antiken Philosophie, der manchmal sogar mit göttlicher Schöpfung in Beziehung gesetzt wird. Die Umfänglichkeit des Begriffs läßt uns staunen, daß ihn Schopenhauer in diesem Argumentationszusammenhang anführt. Noch mehr verwundert, daß er das italienische Wort "discorso" im selben Kontext anführt, da dieses weder als mit "Sprache" noch als mit "Vernunft" übersetzt werden darf. "Discorso" bedeutet so viel wie "Gespräch". Die einzige Kohärenz in solcherlei Hinsicht, die wir aufzuzeigen in der Lage sind, wäre, daß das "Gespräch" ebenso wie die "Vernunft" ("ragione" im Italienischen) Produkte der "Sprache" (italienisch "lingua") sind.

Selbst wenn wir modernere linguistische Gesichtspunkte heranziehen, verfehlt Schopenhauers Behauptung tatsächlichen Sprachgebrauch völlig. Variationen zum Wort "Sprache" im Italienischen könnten "linguaggio" (in etwa "Umgangssprache") oder auch "parola" ("Wort") sein. "Discorso" würde man allenfalls als eine Anwendung von Sprache verstehen.

Diese Analyse der von Schopenhauer angeführten fremdsprachlichen Ausdrücke zeigt uns einmal mehr die Schwierigkeit, wenn wir mehrdeutige, vage metaphysische Begriffe verwenden, als ob sie sich auf faktische, physische, eindeutige Entitäten beziehen. Im ernstzunehmenden wissenschaftlichen D i s k u r s sei dies absolut nicht gestattet!

Ganz zum Ende des achten Paragraphen kommt Schopenhauer noch kurz auf die Begriffsbildung zu sprechen, wobei die (gemäß seiner Ansicht) Gleichstellung von Sprache und Vernunft wieder zum Tragen kommt: So sieht er eben die Begriffsbildung als d i e (herausragernde) Funktion der Vernunft (46). Die simpelste Frage dabei bleibt aber: Wie bildet das Individuum den Begriff der Vernunft? Es muß überhaupt erst Sprache besitzen, um jedweden Begriff zu bilden, so auch den der Ver-

nunft. Und eine Gleichgewichtung von Sprache und Vernunft verlagert das Problem, zeigt
jedoch wiederum klar, daß dies alles auf ein
Spiel mit metaphysischen Konzepten hinaus-
läuft, das uns erkenntnistheoretisch keinen
Schritt weiterbringt.

Im Paragraphen Neun relativiert Schopenhauer sodann die oben durch den Vergleich
mit Altgriechisch und Italienisch implizierte
Gleichsetzung von Sprache und Vernunft, indem er die Sprache als "Erscheinung" bezeichnet, "die wir der Vernunft zuschreiben" (47).
Von einem modernen Wissensstand interpretiert, klingt das so, als ob die Vernunft die ma-
teriell-physiologische Grundlage beziehungsweise Disposition zur Entwicklung der Sprache im Individuum bereitstelle. Um es provokativ auszudrücken, wäre die Vernunft also so
etwas wie ein "Organ" im menschlichen Körper, welches die Sprache ermöglicht. Metaphysischer formuliert, könnten wir sagen: Die Vernunft bildet den Möglichkeitsraum für Sprache, was allerdings nichts daran änderte, daß
Vernunft auf Materie basierte. Da wir jedoch
wissen, daß sich Schopenhauer als absoluter
Anti-Materialist ausgibt (siehe oben), kann
diese Interpretation ausgeschlossen werden.
Hingegen belegt sie abermals, daß er ziemlich
ignorant oder eher naiv mit dem Verhältnis

zwischen Sprache und dem, was er "Vernunft" nennt, umgeht.

Im Prinzip wäre es seinerseits vonnöten, diese metaphysische Begrifflichkeit zu präzisieren, wie er es für "profanere" Ausdrücke ein wenig später unternimmt. Er widmet sich dort den "Sphären" von Begriffen, was man im Hinblick auf moderne Linguistik als lexikologische Fingerspitzenübungen bezeichnen könnte. Schopenhauer versucht nämlich, Begriffe voneinander abzugrenzen, indem er eben deren "Sphären" bestimmt beziehungsweise das, was man als Skopus oder Begriffsumfang beschreiben dürfte wie etwa Begriff (beispielsweise "Mensch") und Unterbegriff ("Pferd"). Im Zuge seiner Analyse erkennt Schopenhauer fünf solcher Fälle von begrifflicher Implikation (51f). Die Kritik, die wir anbringen müssen, bezieht sich auf die Simplizität der Beispielkonzepte, die er aufführt. Seine schematische Darstellung mag sogar als wertlos erachtet werden, da eben die entscheidende metaphysische Begrifflichkeit (vor allem "Sprache", "Vernunft", "Vorstellung", "Erscheinung", "Anschauung") nicht einer solchen Analyse unterzogen wird. Schopenhauer beschränkt sich auf mehr oder weniger einleuchtende Konkreta.

Seine Begriffssphären führen Schopenhauer hernach zur Logik, der Lehre vom Urteilen als eine der wichtigsten Sub-Disziplinen der Philosophie, obgleich er in ihr wenig praktischen Nutzen sieht:

"[…] wer die Logik zu praktischen Zwecken erlernt, gleicht dem, der einen Bieber zu seinem Bau abrichten will." (54)

Wir wollen Schopenhauer die Ausdrucksschwäche an dieser Stelle nachsehen (er hätte schreiben müssen "der einen Bieber zur Konstruktion seines Baus abrichten will"), zumal er ja auf einer Überlieferung seiner Schriften aus "erster Hand" (ohne Korrekturen durch eine andere Person) bestand. Das Entscheidende hier ist die Metapher "Bieber": Der Bieber konstruiert seinen Bau instinktiv, intuitiv. Es handelt sich um ein sogenanntes angeborenes Verhaltensmuster. Den praktischen Zweck der Logik nun mit einer Anweisung an den Bieber zur Konstruktion seines Baus zu vergleichen, legt nahe, daß Schopenhauer die Logik als den Menschen angeboren betrachtet – in welcher Form auch immer. Redewendungen wie "Das ist ja logisch!" oder auch moderne Berufseignungstests, die meistens einen Teil unter dem Titel "Logisch-kombinatorisches Denkvermögen" beinhalten, verschaffen Schopenhauer eine Art Bestätigung. Das, was wir normalerweise als Intelligenz interpretieren, bezieht sich auf Urteilsvermögen, Fähigkeit zur Deduktion,

Spürsinn für Regelhaftigkeit, also dem umgangssprachlichen Verständnis von Logik, die uns in unterschiedlicher Ausprägung in die Wiege gelegt zu werden scheint. Womöglich dürfen wir auch Schopenhauer eine solche Sichtweise unterstellen. Wenn dem so wäre, hätte die Logik allerdings durchaus praktischen Nutzen, indem sie uns sicher durch unser Dasein führte, wie der eben erwähnte Definitionsansatz zur Intelligenz andeutet: Es ist unser Gespür für Regelhaftigkeit (wenn wir so wollen: Schopenhauers Satz vom Grunde!), das uns die Wissenschaft beschert hat. Worauf Schopenhauers Einschätzung der Logik als wenig nutzbare Disziplin beruhen könnte, ist die Tatsache, daß sich unsere "Alltags"-Logik zumindest teilweise im Kontrast zu dem befindet, was der angehende (akademische) Philosoph in Seminaren zum Thema "Formale Logik" erlernt. Nehmen wir als Beispiel die Junktorenlogik und hier im Besonderen die Konnektoren, die mit Hilfe der Alltagssprache als "oder" (gängigstes Symbol: "∨") und "wenn, dann" (Symbol: "→") bezeichnet werden. Im einfachsten Fall werden zwei Aussagen (symbolisch normalerweise dargestellt als "p" und "q") mit einem Konnektoren verknüpft. Das Ganze verbildlicht man dann in Wahrheitswertetafeln. Der Wahrheitswert der verknüpften Aussagen hängt vom ursprünglich angenommenen Wahrheitswert der Einzelaussagen ab. Bei den obigen zwei Einzelaussagen "p" und "q" gibt es dementsprechend bei einfacher Verknüpfung vier Konstellationen möglicher Wahrheitswerte. Wir beschränken uns hier auf die der Umgangssprache widersprechenden Konstellationen: Im Falle des Konnektors "oder" besagt die Junktorenlogik, daß die verknüpfte Aussage "p ∨ q" nur dann falsch ist, wenn beide Einzelaussagen falsch sind. Das wiederum bedeutet: eine der beiden Einzelaussagen darf falsch sein, ohne daß dies an der Wahrheit der verknüpften Gesamtaussage etwas ändert. Das widerspricht dem alltäglichen Verständnis der Konjunktion "oder": die Gesamtaussage ist dort nicht wahr, wenn beide Einzelaussagen wahr sind, wie in der Junktorenlogik; nur eine der beiden Einzelaussagen "darf" wahr sein, damit die Gesamtaussage wahr "wird". In der Booleschen Algebra bezeichnet man das Alltagsverständnis von "oder" als "exklusives Oder" (EXOR). Während man im Fall des Junktors "oder" von einer Kleinigkeit reden könnte, wenn es darum geht, Unterschiede zwischen Formaler und Alltagslogik darzulegen, wird es bei der Verknüpfung "wenn, dann" wesentlich ernster, da die Formale Logik "verlangt", daß die Gesamtaussage nur

138

dann falsch "wird", wenn der Konditionalsatz ("wenn") wahr und der Folgesatz ("dann") falsch ist. Im Alltag jedoch gilt die unzweifelhafte Norm, daß die Gesamtaussage nur dann wahr ist, wenn das auch auf die beiden Teilaussagen (Konditional und Folge) zutrifft. Dies entspricht der Wahrheitswertetafel für das junktorenlogische "und" (Symbol: "∧"). Genau an dieser Stelle greift der zeitliche Faktor: das Alltags-Wenn-Dann impliziert immer eine temporale Abfolge von Ereignissen und mitnichten einen statischen Zusammenhang.

Schopenhauers "Satz vom Grunde" basiert auf dem Alltagsverständnis der Konjunktionen "wenn…, dann": Ein Ereignis tritt nur dann ein, wenn ein anderes Ereignis zuvor als dessen Bedingung eingetreten ist. Beide Ereignisse müssen der Fall sein, das heißt: wahr, damit die Verknüpfung der beiden Aussagen wahr wird. Wenn Schopenhauer also vom mangelnden praktischen Nutzen der (Formalen) Logik spricht, dürfen wir mit Recht fragen, ob er sich insbesondere auf die gerade erläuterte Realitätsferne der Logik (im Verhältnis zur Alltagssprache) bezieht. Können wir sein Postulat auf diese Weise durchaus nachvollziehen, so ist dies mit Blick auf modernste Entwicklungen nicht möglich, da vor allem der Aspekt, der unser "digitales Zeitalter" bestimmt, nämlich die Informationstechnologie, ohne die "klassische" Formale Logik nicht denkbar wäre. Es wurde die sogenannte Boolesche Algebra erwähnt, deren Grundlage nichts anderes ist als die Junktorenlogik, wobei die Wahrheitswerte "W" (für "wahr") und "F" (für "falsch") durch die Ziffern "1" (entspricht "wahr") und "0" (entspricht "falsch") ersetzt wurden, um dem implizierten Schaltungsalgorithmus gerechter zu werden. Die Boolesche Algebra wiederum könnte als das Herz eines jeden Computers bezeichnet werden. Jegliche Maschinenprogrammierung basiert auf den Werten "1" und "0" der Booleschen Algebra, also im Prinzip auf den Wahrheitswerten der althergebrachten Formalen Junktorenlogik.

Um bei Schopenhauers Metapher des Bieberbaus zu bleiben, dürfen wir nun mit Fug und Recht behaupten: W e n n wir im praktischen Bereich der Computertechnologie tätig sein wollen, d a n n müssen wir die Formale Logik erlernen, wir m ü s s e n sie uns aneignen für einen praktischen Nutzen, wir m ü s s e n demzufolge dem "Bieber" (=Menschen) zeigen, wie er seinen "Bau" (=Computer) zu konstruieren hat.

Selbstverständlich sehen wir auch hier, daß der Vergleich extrem "hinkt". Der Biber besitzt den "angeborenen" Instinkt zur Konstruktion seines Baus, wir aber müssen uns die Grundlagen des Computerbaus erarbeiten und eben auch die Formale Logik, die uns nicht angeboren ist. Wie oben postuliert wurde, mag uns nicht einmal das, was "Alltagslogik" genannt wurde, angeboren sein in Gestalt der Kantischen / Schopenhauerschen "Vernunft". Angeboren scheint uns lediglich die Sprachfähigkeit zu sein, deren Auslösung hernach all diese Dinge aufbaut. Dazu gehört auch der Begriff der Gewißheit, den Schopenhauer im kurzen Zwischenparagraphen Zehn thematisiert:

"Durch dieses Alles tritt uns immer mehr die Frage nah, wie Urtheile zu begründen seien, worin das Wissen und die Wissenschaft bestehe, welche wir, neben der Sprache und dem besonnenen Handeln, als den dritten großen durch die Vernunft gegebenen Vorzug rühmen." (59)

Demgemäß machen Wissen, Sprache und besonnenes Handeln das aus, was Schopenhauer unter Vernunft verstanden haben will. Daß es sich hier um metaphysische Scheindefinitionen handelt, wurde weiter oben bereits dargelegt: Wenn es so etwas wie Vernunft gäbe, so würde deren Bildung mit der Sprachentwicklung einhergehen, ebenso der Aufbau des menschlichen Wissens – ohne Sprache kein Wissen; und ohnehin könnte man sich "besonnenes Handeln" auch nicht ohne die Sprache denken. "Vernunft" sei also ein verschwommenes metaphysisches Konzept, das seine Kreation der Sprache verdankt.

Wiederholt Schopenhauer an dieser Stelle also einen bereits vorher aufgetretenen Denkfehler, setzt er sodann mit einer höchst problematischen Hypothese der Begriffsbildung fort:

> "[…] Begriffe überhaupt sind erst da, nach vorhergegangenen anschaulichen Vorstellungen, die Beziehung auf welche ihr ganzes Wesen ausmacht, die sie folglich schon voraussetzen." (60)

Wollten wir dieses Zitat konsequent interpretieren, so müßten wir es wie folgt umformulieren: Der Begriff des Begriffs setzt voraus, daß wir bereits zuvor den Begriff eines Begriffs (in der "Anschauung") haben. Man könnte Schopenhauer vorwerfen, daß er hier empiristische Züge offenbart: Wir benötigen gemäß des Zitats erst anschauliche E r f a h r u n g, um einen Begriff zu bilden. Egal in welche Richtung wir Schopenhauers Haltung auslegen, das Entscheidende bei der Sache scheint zu sein, daß es eben k e i n e   e i n d e u t i g e Interpretation gibt aufgrund der u n e i n d e u t i g e n B e g r i f f l i c h k e i t, die verwendet wird.

Die Metaphysik stellt für den Philosophen, der sich mit ihr beschäftigt, ein gar unendliches Reich für sophistische Spekulationen bereit. Die Gewißheit, die Schopenhauer an obiger Stelle zu definieren versucht, kann nicht erlangt werden, solange Metaphysik mit (konkreter) Physik vermengt wird beziehungsweise deren Sprach-Spiele / Metasprachen.

Wir könnten das in Anwendung auf modernere Zeiten als diejenige Schopenhauers etwa so präzisieren: Der Grad an Gewißheit wird erhöht, je mehr es uns gelingt, metaphysische Begrifflichkeit aus unserer Sprache (oder besser: aus dem materialistisch-wissenschaftlichen Sprach-Spiel) zu verbannen. Reine Wissenschaft erreichen wir nur durch Ausschluß der Metaphysik, weshalb wir immer noch weit von einem derartigen Ziel entfernt sind, so wir es denn tatsächlich als ein Ziel ansehen. Überhaupt ist es höchst fraglich, ob wegen des defizienten Wesens der Sprache ein solcher Ausschluß potentiell erreicht werden kann. Ein Fort-Schritt der Wissenschaft vollzieht sich jedenfalls nur dadurch, daß wir an der Eindeutigkeit ihrer Begrifflichkeit arbeiten.

Ein mahnendes Gegenbeispiel dazu stellt wohl Schopenhauers Definition des Wissens dar, welche den zehnten Paragraphen abschließt:

"Wissen [sic] also ist das abstrakte Bewußtseyn, das Fixirthaben in Begriffen der Vernunft, des auf andere Weise Erkannten." (60)

Hier wird das Wissen im Prinzip ins Reich
des Mystischen verortet, sozusagen ein ekla-
tanter Widerspruch heraufbeschworen, indem
der Begriff des abstrakten Bewußtseins auf-
taucht. Außerdem irrt man schließlich völlig
im metaphysischen Nebel umher, wenn man
herauszufinden versucht, was "das auf andere
Weise überhaupt Erkannte" sein soll. Schopenhauer arbeitet abermals mit Nicht-Entitäten,
um den Begriff "Gewißheit" zu erklären. In li-
terarischer Hinsicht dürfte man dementsprechend diesen zehnten Paragraphen als ein ein-
ziges Oxymoron bezeichnen.

Im Folgeparagraphen unternimmt Schopenhauer es sodann, sein Verständnis von Wissen
abzugrenzen von dem, was er als dessen Gegensatz erachtet: das Gefühl. Damit begibt er
sich auf eine tiefgehendere Exkursion in seine
Alltagspsychologie und folglich in noch dunk-
lere metaphysische Abgründe. Wenig verwunderlich mutet es dementsprechend an, wenn
wir in besagtem Paragraphen Schopenhauers
nichtssagende Begriffsauslegung vorfinden:

"Alle Begriffe, und nur Begriffe sind es [sic]
welche Worte bezeichnen, sind nur für die
Vernunft da, gehen von ihr aus: man steht

mit ihnen also schon auf einem einseitigen Standpunkt." (62)

Diese Bemerkung demonstriert, wie Schopenhauer an seine sprachliche Limitierung gelangt. Der Begriff eines Begriffs wird für ihn unerklärbar. Die Ebenen von Metasprachen reichen nicht mehr aus, um letztendlich undefinierbare metaphysische Entitäten (wie etwa insbesondere den Vernunftbegriff) zu explizieren. Wenn Schopenhauer behauptet, daß alle Begriffe für die Vernunft da seien und ebenso von ihr ausgingen, bewegt er sich in einer sonderbaren Zirkularität beziehungsweise Tautologie, welche zu keinerlei Erkenntnisgewinn taugt. Ohne es zuzugeben, kapituliert er hier vor den Grenzen seiner Sprache.

Vielleicht das Hervorhebenswerteste am Rest vom Ersten Buch seines Hauptwerks mag Schopenhauers umständlich gestaltete Interpretation von Wissenschaft sein, die wir in den Paragraphen Vierzehn und Fünfzehn vorfinden. Einen Anhaltspunkt dafür, wie ungeschickt Schopenhauer vorgeht, erhalten wir in folgendem Zitat:

"Alles Wissen, d.h. zum Bewußtseyn in abstracto erhobene Erkenntniß, verhält sich zur eigentlichen Wissenschaft, wie ein Bruchstück zum Ganzen. Jeder Mensch hat durch Erfahrung, durch Betrachtung des sich dar-

bietenden Einzelnen, ein Wissen um man-
cherlei Dinge erlangt: aber nur wer sich die
Aufgabe macht, über irgendeine Art von Gegenständen vollständige Erkenntniß in abstracto zu erlangen, strebt nach Wissenschaft." (74)

Im ersten Teilsatz etwa sagt uns Schopenhauer überhaupt nichts, zumal die Synonyme
"Wissen" und "Erkenntnis" verwendet werden
mit der Einfügung des Bewußtseinsbegriffs,
der nicht zuletzt ob seiner metaphysischen Basis notorisch unpräzise ist. Generell bewegt
sich Schopenhauer wieder im Kreis: Wenn ich
mir über etwas bewußt bin, dann weiß ich es.
Als selbstverständlich gilt außerdem, daß Wissen (auch das umfangreichste) noch längst keine Wissenschaft ist. Warum macht Schopenhauer es sich nicht einfacher und sagt ganz
schlicht: systematisch zusammengetragenes,
kanonisiertes Wissen führt zur Wissenschaft?
Stattdessen definiert er Wissenschaft als Streben nach "vollständiger" Erkenntnis, wobei
eben die große Schwierigkeit im Begriff der
Vollständigkeit gesehen werden muß, da auch
er – genauso wie etwa diejenigen von Unendlichkeit und Unsterblichkeit – als metaphysisch zu betrachten ist. Vermutlich ergeht es
Schopenhauer – nicht allein an dieser Stelle –
wie so vielen seiner Philosophenkollegen (vor

allem denjenigen, die sich ein Jahrhundert später als Wissenschaftstheoretiker bezeichneten): Er maßt sich an, ein Urteil über die Wissenschaft zu fällen, sie zu definieren, obwohl er selbst weit davon entfernt ist, sich als Wissenschaftler klassifizieren zu dürfen. Wohl möchte Schopenhauer seine Art von Philosophie als Wissenschaft gesehen haben. Wenn wir jedenfalls seine Ausdrucksweise übernehmen, so könnten wir Wissenschaft auch als systematische "Objektivation" intersubjektiver Erkenntnisse definieren.

Das Stichwort sei hier der Ausdruck "Objektivation", den Schopenhauer im Titel des Zweiten Buches verwendet. Dort beschäftigt er sich mit seinem Postulat der Welt als Willen. Die erste "Betrachtung" dazu soll eben eine "Objektivation" dieses Willens vollziehen. Abermals gelingt es Schopenhauer, bereits mit einer Überschrift eine überaus kontraintuitive Behauptung aufzustellen. Der fundamentale Gegensatz besteht hier in der Verwendung von "Objektivation" und "Wille" zugleich: Das spontane Verständnis des / eines Willens wäre nämlich, daß es sich um einen rein subjektiven Gefühlszustand handelt, zu welchem allein das "wollende" Ich Zugang hat. Man könnte allerhöchstens davon sprechen, daß ich meinen subjektiven Willen zum Objekt meiner eigenen subjektiven Reflektion mache; insofern vollzöge sich eine subjektive Objektivation meines eigenen Willens. Es wird mir jedoch nicht gelingen, diesen meinen eigenen, subjektiven Willen für Außenstehende zu objektivieren. Vielleicht kann ich jenen Außenstehenden Indizien vorweisen für meinen Willen, indem ich auf Resultate meiner Handlungen deute; eine "wahre" Objektivation scheint aber völlig ausgeschlossen.

Setzt man nun eine solche Sichtweise voraus, ergeben sich auch Probleme bei der intuitiven Interpretation des Postulats, daß die Welt Wille sei: Wessen Wille, müßten wir uns eigentlich ganz spontan fragen – um wessen (subjektiven) Willen handelt es sich bei dieser Welt? Die Einschleusung von Göttlichkeit in ein philosophisches System, wenn wir Schopenhauers Aneinanderreihung metaphysischer Forderungen so nennen wollen, wird überdeutlich.

Eine andere Auslegung bezöge sich zurück auf den Solipsismus, der schon mehrfach oben zur Sprache kam: Die Welt wäre demnach reine Vorstellung meines wollenden Ichs; ich will, daß etwas passiert, und so stelle ich mir das dann auch vor! Die Welt wäre demnach meine ureigene metaphysische Illusion.

Obskure Formulierungen und inhaltsleere Definitionsversuche zu Beginn dieses Buches, das seinen Anfang mit Paragraph Siebzehn nimmt, mögen eine derartige Vermutung unterstützen: Schopenhauer kommt zurück auf die Begriffe der Vorstellung sowie des Begriffs selbst – er setzt dort "abstrakte Vorstellung" gleich mit "Begriff". Die "abstrakte Vorstellung" wiederum scheidet er von der "anschaulichen Vorstellung". Die einfachste Frage an dieser Stelle könnte bereits sein: Habe ich eine abstrakte Vorstellung einer anschaulichen Vorstellung?

Schopenhauer selbst spricht von "eigentlicher" und "gefühlter" Bedeutung derartiger Begrifflichkeit und deutet damit Unklarheit an, bestätigt Letztere im Prinzip. Er fühlt sich gefangen in einem Dilemma: Zum einen hat er eine Vorstellung von einer Vorstellung, zum andern eben nicht. Und vielleicht zeigt er ein wenig Einsicht weiter unten, wo er Rat in der Mathematik, Naturwissenschaft und (seltsamerweise) in der Philosophie sucht (113).

Der Rekurs auf diese drei Disziplinen in einem Satz verwundert womöglich, erklärt sich aber durch die zeitgenössische Wahrnehmung sowie den Stand dieser Studien im Neunzehnten Jahrhundert. Allerdings gesteht Schopenhauer eben zu, daß es ein Problem mit der Philosophie gebe: Sie sei "ein Ungeheuer mit vielen Köpfen, deren jeder eine andere Sprache redet" (113). Fazit wäre demnach: Jeder Philosoph "redet" eine andere Sprache – so auch Schopenhauer, der, wie alle anderen ebenfalls, danach strebt, daß s e i n e Sprache zur S t a n - d a r d s p r a c h e der Philosophie werde, um sie dadurch zur Wissenschaft zu erheben.

Ein solches Vorhaben kann eigentlich nicht gelingen, wie ja oben schon mehrfach nachgewiesen wurde, da sich etwa die Defizienz von metaphysischer Begrifflichkeit generell zeigte. Das Scheitern Schopenhauers in dieser Hinsicht mag als umso bemerkenswerter gelten, wenn wir einen kurzen Blick auf den Anhang seines Hauptwerks werfen, wo er die Kantische Philosophie einer umfangreichen Kritik unterzieht. Dort erfahren wir in einer kurzen, prägnanten Passage Folgendes:

"[…] zuvor, sage ich, hätte er [Kant; RAH] doch wahrlich untersuchen sollen, was denn überhaupt ein B e g r i f f [sic] sei. […] - Der selbe Mangel an hinlänglichem Besinnen, mit welchem er [Kant; RAH] die Fragen übergieng: was ist Anschauung? was ist Reflexion? was Begriff? was Vernunft? was Verstand? – ließ ihn auch folgende eben so unumgänglich nöthige Untersuchungen übergehen: was nenne ich den Gegenstand, den ich von der Vorstellung unterscheide? was ist

Daseyn? was Objekt? was Subjekt? was Wahrheit, Schein, Irrthum?" (513/14)

Ganz offensichtlich bemerkt Schopenhauer selbst nicht, daß er ebensowenig wie Kant in der Lage ist, jene Fragen zufriedenstellend zu beantworten. Seine wie auch jeglichen anderen Metaphysikers Begrifflichkeit muß in der nebulösen Mehrdeutigkeit ihr "Daseyn" fristen!

Äußert man Schopenhauer gegenüber aber eine so gestaltete Kritik, weiß er sich dogmatisch zu helfen und ist schnell bei der Hand, einen solchen Kritiker als "Skeptiker" zu brandmarken (113/14). Um wissenschaftliche Einigkeit zu erzielen, bedarf es eines anerkannten Kanons, den Schopenhauers Philosophie niemals erreichte beziehungsweise erreichen kann. Es sollte vielleicht an diesem Punkt betont werden, daß die vorliegende Kritik an Schopenhauer n i c h t den Anspruch erhebt, einen solchen Kanon zu bieten. Unsere Analyse ist darauf bedacht, auf die Unzulänglichkeiten der menschlichen Sprache hinzuweisen, was insbesondere an einem Grenzbereich – wenn das überhaupt so bezeichnet werden darf – zwischen Philosophie und Wissenschaft im Stile von Schopenhauers "System" veranschaulicht werden kann: Den Begriff eines Begriffs vermögen wir irgendwann nicht weiter zu definieren beziehungsweise zu explizieren – unsere Metasprachen beziehungsweise deren Übersichtlichkeit erschöpfen sich. An einer gewissen Stelle unserer sprachlichen Entwicklung haben wir den Begriff eines Begriffs, wobei man sicherlich einräumen muß, daß sich manche Menschen nie in ihrem Leben den Begriff eines Begriffs "aneignen" werden, da sie zu einer solchen Abstraktion intellektuell nicht in der Lage sind. Es sei allerdings anzuerkennen, daß der Begriff eines Begriffs oder ähnliche andere nichts mit der "konkreten" oder besser: präzisen Abstraktion mathematischer Begrifflichkeit zu tun haben. Das einfachste Beispiel wäre etwa ein Vergleich des Begriffs der A n s c h a u u n g mit dem der Zahl F ü n f. Ersuchte man uns, beide zu definieren, sähe man uns sicherlich zuerst ratlos. Im Falle der "Anschauung" antworteten wir höchstwahrscheinlich mit irgendwelchen Tautologien, es fehlte uns ein "konkretes Bild" vor Augen, ja: wir hätten keine konkrete Ver-a n s c h a u l i c h u n g des Begriffs der Anschauung, wohingegen sich das bei der Zahl F ü n f exakt umgekehrt verhielte: die Zahl F ü n f sagt uns spontan, intuitiv etwas; wir haben ein konkretes Bild vor Augen, selbst wenn dies nur die Finger unserer rechten Hand wären. Würde Schopenhauer dies nun unterscheiden als abstrakte Anschauung beziehungsweise konkrete

Anschauung? Haben wir vom Begriff der Anschauung nur eine abstrakte Anschauung und von der Zahl F ü n f eine konkrete?

Wir sehen, zu welchen Wortspielereien uns die metaphysische Begrifflichkeit verleiten kann, die Schopenhauer unter Garantie dem sophistischen Skeptizismus zuordnete, den wir hier jedoch weiter verfolgen wollen, um ganz fundamentale Mängel an der (metaphysisch basierten) Sprache aufzuzeigen.

Dazu zählt eben auch der Objektbegriff, der im Zusammenhang mit Schopenhauers "Objektivation des Willens" oben bereits problematisiert wurde. Wir wollen abermals betonen, daß wir uns hinsichtlich einer zufriedenstellenden Definition eines "Objekts" im "System" Schopenhauers – ähnlich wie bei Kant – im metaphysischen Niemandsland befinden. Berücksichtigen wir dies, so verursacht Schopenhauers folgendes Postulat ein gröberes Achselzucken:

"Die Aktion des Leibes ist nichts Anderes, als der objektivirte, d.h. in die Anschauung getretene Akt des Willens." (119)

Vielleicht sollten wir den Satz erneut mit einem Beispiel ver-anschaulichen: Ich bewege meinen rechten Arm, um nach einer Kaffeetasse zu greifen, damit ich einen Schluck ihres Inhalts trinken kann; ich will Kaffee trinken:

deshalb ist die Bewegung meines rechten Arms für jeden Außenstehenden der objektivierte (?) Ausdruck meines Willens, Kaffee zu trinken.

Der Begriff "Wille" impliziert außerdem denjenigen des Bewußtseins: wohl besteht Einigkeit darin, daß ein Willensakt ein bewußter Akt ist. Wie aber kann nun ein Außenstehender objektiv beurteilen, ob mein Greifen nach der Kaffeetasse ein (bewußter) Willensakt ist? Ich könnte ja auch rein gewohnheitsmäßig, gar instinktiv nach der Kaffeetasse greifen. Wer außer mir sollte das je beurteilen können? Es bleibt demnach dabei: Der (subjektive) Wille kann im Prinzip nicht "objektivirt" werden. Das mag mit ein Grund dafür sein, daß die Psychologie nicht als Wissenschaft gelten darf: Sie erhebt im Schopenhauerschen Sinn den Anspruch, das menschliche Handeln zu objektivieren. Es gibt allerdings keinerlei Meßapparatur, die es einem psychologischen Forscher gestattete, sich zu hundert Prozent in die Gedanken- und Gefühlswelt, in den "Willen" seines Untersuchungs-"Gegenstandes", des beobachteten Menschen, hineinzuversetzen. Das menschliche Handeln bleibt im Großen und Ganzen für jenen Forscher der Hauptanhaltspunkt dafür, eben den psychischen Zustand der untersuchten Person zu eruieren. Das bedeutet, um nahe an obigem Zitat Schopenhauers zu bleiben: Die Aktion des Leibes k a n n als der intersubjektiv beobachtbare Akt des Willens interpretiert werden, der Wille selbst aber bleibt als Objekt (für den Außenstehenden, also das N i c h t - I c h) unzugänglich; der Wille ist demzufolge nicht objektivierbar – insbesondere deshalb, weil er eine metaphysische "Entität" darstellt und sich einer unzweideutigen, präzisen Definition entzieht.

Schopenhauer räumt wenig später sogar ein, daß selbst das Ich den Willen nicht "vollständig" erkennen kann (in der Weise, wie es geradeeben von der Psychologie erläutert wurde):

"Endlich ist die Erkenntniß, welche ich von meinem Willen habe, obwohl eine unmittelbare, doch von der meines Leibes nicht zu trennen. Ich erkenne meinen Willen nicht im Ganzen, nicht als Einheit, nicht vollkommen seinem Wesen nach, sondern ich erkenne ihn allein in seinen einzelnen Akten, also in der Zeit, welche die Form der Erscheinung meines Leibes, wie jedes Objekt ist: daher ist der Leib Bedingung der Erkenntniß meines Willens. Diesen Willen ohne meinen Leib kann ich demnach eigentlich nicht vorstellen." (121)

Die erste Frage, die der Leser nach Lektüre dieses Abschnittes wohl stellt, dürfte sein, was denn das wirkliche Wesen des (beziehungsweise meines) Willens ist. Schopenhauer gibt zu, daß dieses Wesen eigentlich nicht erkennbar ist im Stile von Kants Ding-an-sich. Man könnte Schopenhauer also vorwerfen, daß er im Vergleich zu Kant lediglich das Vokabular ändert, aber dasselbe (in stärker metaphysisch geprägter Sprache) aussagt. Letztendlich bestreitet Schopenhauer damit ebenfalls, daß die Aufforderung des Orakels von Delphi ("Erkenne dich selbst!") undurchführbar ist: Ich kann mich selbst nicht erkennen, sondern nur die Handlungen meines Körpers "in der Zeit". Zum Problem wird hierbei nun zusätzlich die Einflechtung des Zeitbegriffs: demnach ist der Wille eine "Sache" der Vergangenheit. Wenn ich den Willen nur erkennen kann an den "Akten meines Leibes", so müssen diese bereits vollzogen und der Wille muß ihnen "vorausgegangen" sein. Die Schlußfolgerung wäre, daß ich mir meines Willens vor Vollzug der Handlung meines Körpers nicht bewußt war, sondern erst danach. Rein sophistisch gesehen, sind wir auf diese Weise in einer Position, Schopenhauer zu unterstellen, daß er die Freiheit des Willens mit der oben zitierten Aussage negiert. Der Wille ist demgemäß immer schon "geschehen". Wie soll er dann "frei" gewesen sein?

Doch nochmals zurück zum Vergleich Schopenhauers mit Kant: Schopenhauer behauptet, daß die Welt Vorstellung sei sowie Wille, und daß sein eigener Wille sogar im Prinzip nicht erkennbar sei; Kant behauptet, die Welt sei das Ding-an-sich und ebenso nicht erkennbar, wie sie / es wirklich ist. Wir gelangen damit zu einer Gleichung der beiden Denker, können uns dann jedoch zwar vielleicht eher v o r s t e l l e n, was Kant mit dem "Ding-an-sich" meint, aber es muß notorisch unklar bleiben, wie es sich mit einer (zumindest intersubjektiv anerkannten) Konnotation von Schopenhauers "Willen" verhält. Da trägt es zur Verdeutlichung des Sachverhalts auch kaum bei, wenn er zum Ende des Paragraphen Achtzehn Leib und Wille als identisch setzt: "[…] mein Leib und mein Wille sind Eines […]." (122); im Gegenteil: damit öffnet Schopenhauer seinen Kritikern Tür und Tor, zumal er hier einen Materialismus propagiert oder zumindest impliziert, den er oben vehement von sich wies. Man dürfte dann nämlich durchaus sagen: Mein Wille ist Ausdruck meines Verstandes; mein Verstand hat seinen Ursprung in meinem Gehirn als Teil meines Leibes; also hat mein Wille einen materiellen Ursprung – mein Wille i s t Materie!

Schopenhauer würde eine derartige Folgerungskette selbstredend dogmatisch abstreiten, nicht zuletzt weil er auch seine metaphysische Argumentationsweise fortsetzt.

In etwas mystischer Formulierung wiederholt er im Paragraphen Zwanzig, daß sich der Wille in den "willkürlichen Bewegungen" des Leibes "kundgebe" (126), die also als "Willensakte" zu interpretieren seien. Und weiter bemerkt Schopenhauer hierzu:

"Diese Akte des Willens haben aber immer noch einen Grund außer sich, in den Motiven." (127)

Indem Schopenhauer "Motive" als Ursache für den Willen ins Spiel bringt, psychologisiert er das Thema in verschärfter Form und sorgt damit für mehr metaphysische Verschwommenheit. Der Sophist könnte nun fragen: Was ist die Welt dann im Grunde? Motive, die den Willen "aktivieren"? Wie entstehen dann diese Motive? Sind sie wiederum Ausdruck eines Willens?

So gelangten wir abermals zu einer undurchschaubaren Zirkularität.

Auf das Verhältnis seines Willens zum "Ding-an-sich" geht Schopenhauer daraufhin ein klein wenig später ein:

"Erscheinung heißt Vorstellung, und weiter nichts: alle Vorstellung, welcher Art sie auch sei, alles Objekt [sic] ist Erscheinung. Ding an sich [sic] aber ist allein der

Wille [sic]: als solcher ist er durchaus nicht Vorstellung, sondern toto genere von ihr verschieden: er ist es, wovon alle Vorstellung, alles Objekt, die Erscheinung, die Sichtbarkeit, die Objektität [sic] ist. Er ist das Innerste, der Kern jedes Einzelnen und eben so des Ganzen: er erscheint in jeder blindwirkenden Naturkraft: er auch erscheint im überlegten Handeln des Menschen; welcher Beiden großer Verschiedenheit doch nur den Grad des Erscheinens, nicht das Wesen des Erscheinenden trifft." (131)

In faszinierender Manier bestätigt Schopenhauer hier zwar die Identität "seines" Willens mit Kants "Ding-an-sich", versteht es aber gleichzeitig, das Ganze weiter zu mystifizieren. Zum einen trennt er Wille und Erscheinung ausdrücklich, zum andern sind für ihn – wie oben dargestellt – die Bewegungen des Leibes Ausdruck, also Erscheinung des Willens. Wenn er dann Wille und Vorstellung voneinander trennt, verwirrt er den Leser völlig, der sich danach überhaupt nichts mehr unter dem Willen "vorstellen" kann. Schließlich dann noch Grad des Erscheinens und "Wesen" des Erscheinenden ohne Klarifizierung oder zumindest Beispielgabe zu differenzieren, gibt den Autoren sogar ein Stück weit der Lächerlichkeit preis: Schopenhauer hypostasiert ein sprachliches, metaphysisches Abstraktum, den Willen, zum "Innersten", zum "Kern jedes Einzelnen und ebenso des Ganzen", zum Urgrund des Seins im Stile einiger Vorsokratiker. Damit tut er dem Erkenntnisfortschritt keinen Gefallen, im Gegenteil: die Mystifikation, Metaphysierung seines "Systems" macht es zum Dogma und somit eigentlich unantastbar. Das Motto scheint hier: Ich bewege mich im Heiligen Reich der Metaphysik, das ich Dir, lieber Leser, zwar andeutend schildern kann, dem Du aber (mit Deinem – meinem weit unterlegenen – Horizont) nicht folgen kannst. Gewissermaßen unternimmt es Schopenhauer dementsprechend, etwas zu versprachlichen, was im Prinzip mit Sprache nicht ausdrückbar ist. Man wäre in Anbetracht dessen folglich versucht, ihm Ludwig Wittgensteins berühmten Satz Sieben aus dessen *Tractatus logico-philosophicus* entgegenzuhalten: Schweige besser, wenn Du darüber nicht reden kannst!

Doch Schopenhauer fährt damit – ohne Rücksicht auf Verluste – fort. Er weist sogar zu Beginn des Paragraphen explizit auf sprachliche Unzulänglichkeiten hin. Er stellt Kants Ausdruck des Dinges-an-sich gewissermaßen als einen faulen Kompromiß dar aus Ermangelung eines besseren. Wenn er schon keine idealeren Alternativen dazu findet, genügt es ihm "vorläufig", solche Begrifflichkeiten als "Verständigungspunkte" (133) zu verwenden.

Im Weiteren möchte uns Schopenhauer folgerichtig eine "Ausdehnung" des – wie er meint – traditionellen Willensbegriffs verkaufen, welche über die vom Individuum wahrgenommenen Motive als Willenskonstrukte "hinausgeht". Das Ergebnis enttäuscht, wie erwartet:

> "Bisher subsumirte man den Begriff W i l l e [sic] unter den Begriff Kraft [sic]: dagegen mache ich es gerade umgekehrt und will jede Kraft in der Natur als Wille gedacht wissen." (133)

Gehen wir zunächst davon aus, daß Schopenhauers Sicht des traditionellen Verhältnisses zwischen den Begriffen von Willen und Kraft "stimmt"; in diesem Fall nähme er mitnichten eine Bedeutungserweiterung des Willensbegriffs vor, sondern beinahe so etwas wie eine Bedeutungsumkehrung. Generell müßte sich ein Unterfangen wie die semantische Ausdehnung eines gebräuchlichen Begriffs durch eine einzige Person immenser Kritik ausgesetzt sehen. Zu großen Teilen zumindest bestimmt sich nämlich (insbesondere bei schwammigen metaphysischen Abstracta, sollte man meinen,) die Bedeutung von Ausdrücken durch deren (alltäglichen, intersubjektiv anerkannten) Gebrauch – niemand sollte sich demzufolge erdreisten, jenen Gebrauch zu präskribieren nach eigenem Gutdünken.

Die Geschichte zeigt uns zudem, wie eindrucksvoll Schopenhauers semantisches "Projekt" fehlschlug: Noch immer wissen wir nicht, was denn nun genau "sein" Wille sein soll, der im obigen Zitat gar zum Ursprung jeder "Kraft in der Natur" erhoben wird, was wir eben als eine Bedeutungsumkehrung des Begriffs interpretieren können – die "Kräfte der Natur" gestalten eigentlich das, was der normale Mensch als Wille versteht; man könnte sagen, daß die Umgebung, die Natur um das Individuum herum, von dessen "Willen" verlangt, in einer gewissen Weise zu reagieren; die "Kräfte der Natur" z w i n g e n den individuellen Willen zu einer bestimmten R e a k t i o n; die "Kräfte der Natur" sind mitnichten die Reaktion auf einen (vagen) Willen hin, der metaphysischen (divinen?) Ursprungs wäre.

Verhielte es sich so, wie Schopenhauer fordert, reagierte ich mit meinem Willen auf die "Kräfte der Natur", die wiederum auf einen unbekannten (göttlichen) Willen reagierten: Der Wille wäre Ursache für die "Kräfte der Natur", die wiederum Voraussetzung für den Willen sein müßten. Die Zirkularität, somit Sinnlosigkeit einer derartigen Argumentation wird aber-

mals deutlich. "Schopenhauers" Wille ist folgerichtig Alles und Nichts zugleich: damit läßt
sich endlos (metaphysisch) philosophieren. Begriffe werden nach Gutdünken hin- und her-
definiert, willkürlich verwendet, je nachdem,
wie es in eine vorgefaßte Argumentationslinie
paßt, ohne daß sich am Ende irgendeine Erhel-
lung von Problemstellungen vollzieht. Der konnotative Aspekt metaphysischer Begrifflichkeit
hat hierbei maßgeblichen Anteil: Wo Denotation fehlt, geht wahre Erkenntnis verloren.

Schopenhauer "arbeitet" mit seiner Begrifflichkeit im Reich der Konnotationen, also mit
den Assoziationen, die das Individuum in Gedanken zu einem (abstrakten) Begriff aufbaut.
In der Regel darf man davon ausgehen, daß
Konnotationen einander gleichen, daß eine aus-
reichende Schnittmenge subjektiver Konnotationen zu einem Begriff besteht, die ihnen quasi intersubjektiv semantische Geltung verschaffen.

Im Falle von Schopenhauer müssen wir nun
annehmen, daß sogar seine Sichtweise der intersubjektiv gültigen Konnotation des Willens
kaum zutrifft; außerdem kann es ihm nicht gelingen, für seine persönliche, subjektive, eigene
und angeblich "neue" Konnotation für den Willensbegriff Gültigkeit zu bewerkstelligen, sie

voll umfänglich ins öffentliche Bewußtsein zu rücken, wenn wir es so formulieren wollen.

Was wir Schopenhauer an dieser Stelle allerdings zugute halten dürfen, ist die Tatsache, daß er eben das Konnotationsproblem in der Philosophie generell aufwirft, indem er nämlich einen solch anmaßenden Versuch der Bedeutungserweiterung (beziehungsweise Konnotations-Ausdehnung) eines abstrakten (metaphysischen) Begriffs vornimmt. Selbst wenn wir durch eine derartige Prozedur keine (wahre) Erkenntnis gewinnen, stößt sie uns zum Nachdenken darüber an, wie unsere Begriffsmuster funktionieren. Das Ergebnis hierbei mag ernüchternd ausfallen, zumal wir eher im Dunkeln tappen, als dem Geheimnis der neurologischen Grundlagen unseres Denkens, unserer Sprache auf die Spur zu kommen.

Die Metaphysik im Stile Schopenhauers jedenfalls wird regiert von assoziativer Konnotation, wohingegen in der Welt der Wissenschaft die konkrete Denotation (der Bezug auf die tatsächliche Gegenständlichkeit) zumindest dominieren muß, um einen Erkenntnisfortschritt zu erzielen. In der Metaphysik kann jeder mitreden, in der Wissenschaft nicht, da man sich ihrer Systematik präziser, denotativer Natur anzupassen hat. Schopenhauer hingegen sieht sich mit seiner (angeblich systematischen) Metaphysik als Wissenschaftler. Sogar von seinen Zeitgenossen wurde das bereits belächelt; im technologischen Zeitalter fände Ähnliches, wenn es geäußert würde, keine Beachtung oder verdiente eine solche erst gar nicht. Für unsere Untersuchung aber eignet sich Schopenhauer bestens, um das menschliche Grundproblem metaphysischer Begrifflichkeit / Sprache zu veranschaulichen.

Um keinen Deut aufschlußreicher beginnt Schopenhauer den Paragraphen 23. Seine Einleitungsworte hier mögen den eben gemachten Punkt bestätigen:

"Der Wille als Ding an sich ist von seiner Erscheinung gänzlich verschieden und völlig frei von allen Formen derselben, in welche er eben erst eingeht, indem er erscheint, die daher nur seine Objektität betreffen, ihm selbst fremd sind." (134)

Damit führt Schopenhauer seinen Willensbegriff allenfalls ad absurdum! Einfacher formuliert, behauptet obige "Aussage" nichts anderes als: Der Wille ist nicht der Wille!

Außerdem betont Schopenhauer hier ebenfalls, daß der Wille "erscheint", obgleich er völlig anders sein soll als seine Erscheinung. Wie "will" Schopenhauer das beurteilen? Er hat ja nur den Willen in dessen Erscheinung (als Bewegungen seines Leibes) als "Anschauungs"-

Material. Wie w e i ß er, daß der Wille als Ding-an-sich anders ist als dessen "Erscheinung", dessen "Objektität"? Und wie können wir überhaupt herausfinden, d a ß – und sofern möglich -, wie der Wille verschieden ist von seiner Erscheinung? Wo sind die Meßinstrumente dazu, die Beobachtungshilfen? Die rein metaphysische Kontemplation wird uns da nicht weiterhelfen, obwohl es genau diese ist, welche Schopenhauer (ausschließlich) zu betreiben gedenkt.

Schopenhauer verspricht uns, das Verhältnis eingehender zu "[…] betrachten, welches der Wille als Ding an sich zu seiner Erscheinung, d.h. die Welt als Wille zur Welt als Vorstellung hat […]" (141). Über die Methodologie läßt er uns selbstverständlich im Dunkeln tappen, aber es kann dies nur das Nachdenken sein, Nachdenken subjektiver Natur, nicht überprüfbare, rein individuelle Reflektion und Argumentation. Er versucht also, dem Willen als Ding-an-sich mit Hilfe seines eigenen, individuellen Willens auf die Spur zu kommen, obwohl der Wille als Ding-an-sich völlig anders gestaltet sein soll als eben jener individuelle Wille als Erscheinung.

In gewisser Weise schließt Schopenhauer auf seiner Suche die Erscheinungen der Außenwelt als Anhaltspunkt für den "wahren" Wil-

len aus, zumal er im Paragraphen 26 die "allge-
meinsten Kräfte der Natur" als "niedrigste Stufe der Objektivation des Willens" bezeichnet
(154). Das heißt nichts weiter, als daß Schopenhauer selbst und dessen Wille sozusagen die
"oberste Stufe" jener Objektivation des Willens
(an-sich) bilden.

Aber auf über zehn weiteren vergeudeten
Seiten sind wir als Leser immer noch keinen
Schritt weitergekommen, wenn es sich um die
Frage dreht, was denn nun das Wesen des Willens "an sich" ist. Eine mysteriöse Kraft kann es
gemäß Schopenhauer ja auch nicht sein, da
laut seiner eigenen Konnotationsumkehrung
der Kraftbegriff unter denjenigen des Willens
subsumiert werden muß, was eigentlich schon
äußerst schwer zu verarbeiten ist. Und ebenso
verhält es sich dann mit den Naturkräften als
niederer Stufe der Objektivation des Willens -
Schopenhauer schiebt sie immer mehr in die
Welt der unbegreifbaren metaphysischen Ob-
skurität ab:

"Jede allgemeine ursprüngliche Naturkraft ist
also in ihrem innern Wesen nichts Anderes,
als die Objektivation des Willens auf einer
niedrigen Stufe: wir nennen eine jede solche
Stufe eine ewige Idee, in Plato's Sinn. Das
Naturgesetz [sic] aber ist die Beziehung

der Idee auf die Form ihrer Erscheinung."
(159)

Mit der Einflechtung der "ewigen Idee" tut sich Schopenhauer keinen Gefallen. Im Besonderen macht er damit den zuletzt zitierten Satz zur Gänze unverständlich oder zumindest – in gewohnter Manier – absolut zirkulär / sinnleer: eine Idee ist eine Idee – wie könnte sie die Form ihrer Erscheinung beschreiben? Die Idee ist ein Abstraktum, das in meinem Kopf entsteht. Sie besitzt weder Form noch Erscheinung als vage metaphysische Entität, die nicht mit so etwas wie einem Naturgesetz in Beziehung gesetzt werden sollte, so man beabsichtigt, sich rational über wissenschaftliche Zusammenhänge zu unterhalten. Das Adjektiv "ewig" in Verbindung mit dem metaphysischen Begriff der Idee zu nennen, verdunkelt den Sachverhalt noch mehr. Kommen wir so etwa mit Schopenhauers "ewiger Idee" den Kantischen Verstandesbegriffen nahe? Bedeutet "ewig" dasselbe wie "a priori"? Oder referiert Schopenhauer mit dem Terminus "ewige Idee" ganz simpel auf eine Art Stereotypensemantik, wonach die Idee, die ich von einem spezifischen Objekt – beispielsweise einem Stuhl – habe, ungefähr derjenigen entspricht, die ein anderer Wahrnehmender / Perzipierender davon hat? Das Adjektiv "ewig" bedeutete dann so viel wie "intersubjektiv".

Ganz generell sehen wir bei unserem Deutungsversuch allerdings, daß uns die Idee einer Idee keinerlei Erklärungen zu geben vermag.

Wesentlich problematischer wird es dann, wenn Schopenhauer das Naturgesetz in Beziehung zur "Idee" setzt. Seine Definition dessen verwirrt. Meint er vielleicht das Folgende: mit Hilfe eines Naturgesetzes formulieren wir die Idee eines systematischen Zusammenhangs von einer Reihe an Erscheinungen, wie wir sie intersubjektiv wahrnehmen? Hier bekäme der Ideenbegriff Sinn, indem wir ihn mit dem Gedankenbegriff identifizieren: Eine Idee ist ein Gedanke, der sich dann in sprachlicher Gestalt (und in keiner anderen) präsentiert.

Schopenhauers größte Schwierigkeit scheint zu sein, daß er die Rolle der Sprache nicht anerkennt. Die Sprache ist Fundament all dessen, was er unternimmt. Die Welt ist weder Wille noch Vorstellung; Wille und Vorstellung sind Kreationen der Sprache. Insofern ist Schopenhauers Welt rein sprachlicher Natur, die er mit weiteren beziehungsweise bereits dagewesenen, in variierter Form "vorgestellten" Widersprüchen zu spicken versteht. Im Folgenden wollen wir ein paar Beispiele dafür geben.

Im Paragraphen 27 maßt er sich erst einmal an, Dinge verdeutlicht zu haben (165), wonach er ziemlich unverständlich postuliert, daß der Wille "nie Ursache" (166) sei. Damit setzt er seine eigene "Bedeutungserweiterung" des Willensbegriffs, unter den er die "Kraft" subsumiert haben will, außer Kraft: wenn Kraft dem Willen untergeordnet wäre, dann müßte der Wille auch Ursache ihrer sein!

Etwas später im selben Paragraphen kritisiert Schopenhauer die Naturwissenschaft in geradezu lächerlicher Weise, indem er schreibt:

> "Es ist [...], allem Gesagten zufolge, eine Verirrung der Naturwissenschaft, wenn sie die höheren Stufen der Objektität des Willens zurückführen will auf niedere [...]." (170)

Dort präsupponiert er anmaßend, daß seine Sichtweise der "Objektität des Willens" eine allgemein anerkannte sei, was wir oben ad absurdum führten – inhaltlich wie auch argumentatorisch. Sofern der Wille unerkennbar bleibt, mangelt es ihm ebenso an "Objektität"; Objektität impliziert Erkennbarkeit. Und genau auf diesem Punkt reitet Schopenhauer noch etwas weiter im Text herum:

> "So sehn wir denn hier, auf der untersten Stufe, den Willen sich darstellen als einen blinden Drang, ein finsteres, dunkles Treiben,

fern von aller unmittelbaren Erkennbarkeit."
(179)

Das heißt, wir sehen den Willen, und wir sehen ihn doch nicht; er stellt sich dar, aber wir vermögen ihn nicht zu erkennen; wir haben lediglich Anhaltspunkte, die uns vermuten lassen, daß da ein / d e r "Wille" sei. Hiermit gelangen wir abermals zu einer mysteriösen Gottheit – als nichts anderes können wir Schopenhauers Willen interpretieren, falls er tatsächlich nicht zu erkennen ist.

Schopenhauers unbelehrbares Verhaftetsein in der Metaphysik zeigt sich nicht allein in seiner Hypothese der Objektivierung des Willens, die synonym damit einzuschätzen ist, daß der Wille gleichzeitig erkennbar und n i c h t erkennbar ist, sondern auch, wenn er im Paragraphen 28 den Begriff des Zwecks anspricht: er ist überzeugt davon, daß es eine "unleugbare Zweckmäßigkeit aller organischen Naturprodukte" (184) gebe.

Eine sprachliche Analyse dieses Postulats führt uns, wie erwartet, zur nächsten Kontradiktion: einen Zweck erkennen wir wohl nur dann, wenn wir auch das "Naturprodukt" an sich erkennen, also den Willen. Nur fünf Seiten zuvor sprach Schopenhauer von einem "blinden Drang", von "finsterem, dunklen Treiben" des Willens an sich, und nun sollen die Anhaltspunkte, die dieser Wille uns durch die Naturprodukte gibt, einem (gezielten, eben nicht "blinden") Zweck dienen?

Den Zweck legt die Sprache auf die Geschehnisse / Dinge, die wir wahrnehmen; der Zweck ist eine weitere, obskure metaphysische "Idee", die dem Menschen sein Dasein erleichtern mag beziehungsweise dieses ihm erträglicher machen kann genauso wie jene eines obersten, allmächtigen Wesens. Wenn wir es im Stile Schopenhauers widersprüchlich formulieren wollen: Den Zweck-an-sich gibt es nicht; wir "wollen" ihn in der Natur erkennen, das heißt, unser Wille zwingt der Natur / dem Ding-an-sich, also (gemäß Schopenhauer) sich selbst (als dem Willen-an-sich) die Zweckmäßigkeit auf – durch die Sprache! Womit wir in gewisser Weise beim Solipsismus angelangt wären: Die Sprache diktiert uns (unter anderem durch den Begriff des Willens) unseren S e l b s t - z w e c k auf; der Wille verlangt von uns durch die Sprache eine Art "Weiterschau" – wie geht es weiter, fragt er; aus diesem Grund hängen wir so am Leben, an unserer Existenz; wir nehmen die beste aller möglichen Welten für uns selbst und a l l e i n für uns selbst wahr, als ob wir uns selbst für unsere Existenz entschieden hätten; und da wir diese Entscheidung durch unseren W i l l e n getroffen haben, m u ß es in unserer (solipsistischen) Wahrnehmung wirklich die beste Existenz sein, die wir uns selbst ausgesucht haben.

Dieses kleine (solipsistische) Gedankenexperiment wurde allein durch Schopenhauers Begrifflichkeit sowie sein Sich-In-Widersprüche-Verwickeln ausgelöst: Die Metaphysik öffnet uns Tür und Tor, die Welt nach unserem Gutdünken zu interpretieren.

Wenn wir danach übergehen zum Dritten Buch des ersten Bandes von Schopenhauers *Die Welt als Wille und Vorstellung* erhalten wir für eine solche Behauptung einen weiteren eindrucksvollen Beleg, zumal es hier noch "metaphysischer" wird: Schopenhauer möchte hier die "Vorstellung, unabhängig vom Satz des Grundes: die Platonische Idee: das Objekt der Kunst" (199ff), also die Ästhetik, näher betrachten, bevor er im Vierten Buch schließlich zu moralphilosophischen Fragen kommt (319). Sicherlich will er mit einer derartigen Vorgehensweise den Anspruch "klassischer" Philosophie und sämtliche ihrer "Disziplinen" abdecken (Erkenntnistheorie, Ethik, Ästhetik); ob dies allerdings der Seriosität dienlich ist, sei dahingestellt, da bereits die "konkreteste" Abteilung, die der Erkenntnis- / Wissenschaftstheorie mit im Prinzip inakzeptablem metaphysischen Begriffsgebrauch "kontaminiert" ist.

Die vielleicht bemerkenswertesten Passagen im Dritten Buch befassen sich mit dem Begriff des Genies. Wir finden sie im Paragraphen 36 vor, den Schopenhauer mit einer Art Definition von "Geschichte" beginnt:

> "Dem Faden der Begebenheiten geht die Geschichte nach: sie ist pragmatisch, sofern sie dieselben nach dem Gesetze der Motivation ableitet, welches Gesetz den erscheinenden Willen da bestimmt, wo er von der Erkenntnis beleuchtet ist." (217)

Man könnte Schopenhauer hier unterstellen, daß er selbst das eigentlich "Profane" in seinem Sinne verkompliziert. Nichtsdestoweniger sehen wir aber auch an dieser Stelle abermals die oben kritisierte Widersprüchlichkeit, für die Schopenhauer so anfällig zu sein scheint: Gemäß diesem Zitat "erkennen" wir den "erscheinenden Willen" als "Gesetz der Motivation" in der Geschichte; das Entscheidende dabei: wir e r k e n n e n den Willen (er wird von der "Erkenntnis beleuchtet"), obwohl er doch letztendlich unerkennbar ist? Danach bleibt zudem die Frage offen, wie das "Gesetz der Motivation" bschaffen sein soll. Motivation legt die Sprache auf eine Handlung, ebenso wie die Zweckmäßigkeit, von der oben die Rede war. Die Motivation führt zu einer Handlung, um dann einen Zweck zu erfüllen. Wenden wir dies auf die Geschichte an, werden wir uns gewahr, daß es sich dabei um reine Interpretation und mitnichten um Erkenntnis handelt: Geschichte ist zumeist Interpretation des Geschichtsschreibers, was umso erschreckender ist, zumal dies angesichts moderner digitaler Aufzeichnungsmethoden ausgeschlossen sein sollte. Der alternde Mensch wird eine solche Behauptung der Nicht-Objektivität der Geschichtsschreibung gerne bestätigen; stellen wir uns folgende Situation vor: jener alternde Mensch sieht aufgezeichnete Bilder, einen Film über ein Ereignis, das vor einigen Jahrzehnten stattfand, und das er persönlich miterlebte. Begleitend dazu hört er die gesprochenen Worte des Kommentators, in diesem Falle also des Geschichtsschreibers; nicht selten wird es dem (alternden) Zuschauer, der das betreffende Ereignis miterlebte, so ergehen, daß er zu sich selbst sagt: So, wie es hier geschildert wird, habe ich das nicht miterlebt; ich habe das anders gesehen; die Bilder in meinem Kopf sind dieselben, aber die Interpretation des Geschehenen ist eine (teils völlig) andere!

Und wenn wir uns nun vorstellen, daß es in länger zurückliegenden Epochen bei weitem weniger ausgefeilte Aufzeichnungsmethoden gab, der Historiker dementsprechend auf anderweitiges Quellenstudium angewiesen war, erkennen wir, daß die Geschichtsschreibung doch sehr von der Interpretation des individuellen Historikers abhängt.

Die mangelnde Präzision der Geschichtsschreibung aufgrund der hypothetischen Interpretationsvielfalt jenes Schopenhauerschen "Gesetzes der Motivation", die sich selbstverständlich auf einer metaphysischen Ebene (in sprachlicher Hinsicht) abspielt, führt den grundlegend von der Metaphysik beeinflußten Menschen dazu, Spekulationen anzustellen, wie gewisse historische Linien anders verlaufen wären unter anderen Umständen beziehungsweise, wenn andere Motivationen / Voraussetzungen geherrscht hätten. Die Betonung liegt hier auf dem Konjunktiv, einem sprachlichen Phänomen auf Struktur- und Bedeutungsebene, das sämtliche Gegebenheiten "metaphysiert". Aus Schopenhauers "Gesetz der Motivation" wird auf diese Weise eine durch und durch metaphysische Hypothese der Motivation höchst spekulativer Natur.

Schopenhauer sieht die Geschichte allerdings als ebenbürtig mit der Naturwissenschaft an, was ihn dann dazu führt, diese "Erkenntnißarten" der "Kunst", dem "Werk des Genius" entgegenzusetzen, zumal eben die Kunst "die durch reine Kontemplation aufgefaßten ewigen Ideen, das Wesentliche und

Bleibende aller Erscheinungen der Welt" (217) wiederhole. Er gleitet mit einer solchen Definition von Kunst und Genius tiefer in die idealistische Metaphysik ab. Dem Ausdruck "ewige Idee" begegneten wir ja bereits weiter oben. Nochmals sei auf die Problematik der Idee einer Idee hingewiesen – ohnehin im Zusammenhang mit dem Adjektiv "ewig". Schopenhauer schreibt es nun dem Genius zu, den "wahren Durchblick" zu haben aufgrund dessen Beobachtungsgabe beziehungsweise dessen geradezu übernatürlicher Begabung, durch Kontemplation die Zusammenhänge der Welt (die "ewige Idee"?) zu erkennen. Der "normale" Mensch wiederum scheint demnach davon abzuhängen, was der Genius in seinem Kunstwerk darstellt. Dies muß dann wohl ein Abbild des Dinges-an-sich, des "Schopenhauerschen" Willens sein.

Es überrascht dann allerdings, daß sich uns als "normalen" Betrachtern eine solche Vielfalt an Kunstwerken bietet, daß darin kaum etwas "Bleibendes" oder "Wesentliches" zu erkennen wäre. Die originelle Variation eines Themas in den Künsten macht doch wohl eher den Genius aus – etwas in der Welt der Erscheinungen neu (eben nicht bleibend) zu interpretieren beziehungsweise darzustellen, sehr wohl in Folge (philosophischer) Kontemplation der

Dinge, aber nicht unbedingt der "ewigen Idee", welche eher metaphysischer Humbug ist als Anhaltspunkt für das "Wesentliche".

Sicherlich fehlen Schopenhauer in seinem Erfahrungshorizont vor allem die Entwicklungen moderner Physik, zumal auch hier der Genius zum Tragen kommt oder vielmehr kam in Gestalt einer völlig neuen Perspektive auf die Welt, nämlich der Relativitätstheorie und der Quantenmechanik.

Der modernere Genius zeigt sich also sowohl in Kunst als auch in der Naturwissenschaft, wobei während jüngster Zeit in beiderlei Hinsicht doch eher Stillstand herrscht: Wo sind die aktuellen Genies? Das mag sich so mancher passiver Betrachter (zurecht) fragen. Vorläufig wirkt die Welt als zufriedenstellend erklärt, und Versuche, sie künstlerisch "neu" zu interpretieren, muten als mehr oder weniger prätentiöse, effekthascherische Variationen althergebrachter Techniken an.

Schopenhauer hingegen besteht auf der potentiellen Unfehlbarkeit des Genies, indem er behauptet:

"[…] so ist die G e n i a l i t ä t [sic] nichts Anderes, als die vollkommenste O b j e k t i v i t ä t [sic], d.h. objektive Richtung des Geistes, entgegengesetzt der subjektiven, auf die eigene Person, d.i. den Willen, gehenden. Demnach

178

ist die Genialität die Fähigkeit, sich rein anschauend zu verhalten, sich in die Anschauung zu verlieren und die Erkenntniß, welche
ursprünglich nur zum Dienste des Willens da
ist, diesem Dienste zu entziehen, d.h. sein In-
teresse, sein Wollen, seine Zwecke, ganz aus
den Augen zu lassen, sonach seiner Persön-
lichkeit sich auf eine Zeit völlig zu entäußern,
um als rein erkennendes Subjekt [sic],
klares Weltauge übrig zu bleiben: und dieses
nicht auf Augenblicke, sondern so anhaltend
und mit so viel Besonnenheit, als nöthig ist,
um das Aufgefaßte durch überlegte Kunst zu
wiederholen und »was in schwankender Erscheinung schwebt, zu befestigen in dauern-
den Gedanken«." (218/19)

Mit diesem Zitat versteht Schopenhauer es
abermals, zuvor geäußerten "Axiomen" zu widersprechen, was ebenfalls und wiederholt mit
der Verwendung seiner vagen metaphysischen
Begrifflichkeit erklärt werden kann.

Zunächst wollen wir uns der Definition der
Genialität als "vollkommenste Objektivität des
Geistes" zuwenden: Der Begriff der Vollkommenheit zerstört praktisch den gesamten Defi-
nitionsversuch, ohnehin, da er im Superlativ
(der höchsten Steigerungsform) erscheint; wenn
jemand etwas als "vollkommen" bezeichnet,
dann gibt es keine Steigerung, kein Superlativ
– man darf es durchaus als semantisch-lexiko-

logischen Unsinn bezeichnen, wenn jemand eine Sache als "vollkommener" als eine andere klassifiziert oder gar als die "vollkommenste" im Vergleich mit anderen Dingen. Falls wir den Begriff der Vollkommenheit akzeptieren beziehungsweise gebrauchen, dann impliziert das: Etwas ist entweder vollkommen oder nicht und nichts dazwischen!

Den zweiten Kritikpunkt in dem Zitat bietet der Gebrauch des Begriffs "Geist". Notorisch unklar bleibt die Bedeutung des Ausdrucks im selben Maße wie etwa von "Verstand" und auch "Vernunft". Was differenziert den Geist vom Verstand? Welcher Zusammenhang besteht zwischen beiden? Der Geist ist und bleibt eine undurchsichtige, metaphysische Entität.

Noch drastischer verhält es sich bei Schopenhauers Verwendung des Willensbegriffs in obigem Zitat: Je nach Kontext scheint der Philosoph dem Wort andere Bedeutungen zuzuweisen. Sollen wir etwa zwischen Weltwillen und Individualwillen unterscheiden? Und wenn ja, warum kennzeichnet Schopenhauer dies nicht explizit? In der eben zitierten Passage referiert Schopenhauer (höchstwahrscheinlich) auf den (minderwertigen) Individualwillen. Dem Genie schreibt es Schopenhauer zu, in der Lage zu sein, dem Willen ganz zu entsagen und sich rein "anschauend"-objektiv zu verhalten.

Wie kann man dann den "Willen", das Ding-an-sich erkennen, wenn man sich von ihm abwendet? Als "rein erkennendes Subjekt", wie Schopenhauer es verstanden haben will, muß das Genie doch auch den Willen, wie er wirklich ist, erkennen. Der Widerspruch ist erneut eklatant. Man fragt sich, ob es sich denn nicht genau umgekehrt verhält: Als "rein erkennendes Subjekt" kann der Genius den Überblick behalten, er trägt sämtliche subjektive Eindrücke zusammen und bildet daraus das Inter-Subjektive (beinahe Objektive) in seinem Kunstwerk. Der Genius wendet sich von nichts ab. Der Wille – oder eher das Wollen beziehungsweise der Trieb – ist Bestandteil seiner Existenz und Kontemplation. Er ist sich dessen bewußt und läßt dies in seine fast perfekte Objektivität miteinfließen. Das ändert nichts an der Tatsache, daß der Genius Mensch bleibt. Er zeichnet sich lediglich durch überdurchschnittliche kognitive Fähigkeiten aus. Das Genie ist ebenso auf die Gemeinschaft angewiesen wie jeder andere Mensch, insbesondere durch das Vorhandensein der Sprache, von welcher auch der bildende Künstler, das Maler-Genie abhängt, nicht zuletzt, wenn es darum geht, das "Ab"-Gebildete mitzuteilen, zu diskutieren. Insofern kann der Genius kein wirklich "rein" erkennendes Subjekt sein, weil ihm hier die Sprache einen Strich durch die Rechnung macht: Auch der Genius muß das Erkannte ver-sprach-lichen!

Wenn Schopenhauer darauf besteht, daß der Genius "das Aufgefaßte durch überlegte Kunst" wiederhole, impliziert er damit, daß dies mit Hilfe der Sprache geschieht. "Überlegen" beziehungsweise "reflektieren" in diesem Kontext bedeutet sicherlich, daß sich der Genius dabei in irgendeiner Form der Sprache bedient. Rein bildliches Erkennen ist dem Menschen nicht möglich. Erkennen präsupponiert Versprachlichung.

Schopenhauer hingegen nimmt die Sprache als selbstverständlich hin, als etwas Gegebenes, von dem man noch nicht einmal ausdrücklich zu sagen hat, daß es präsupponiert wird. Nicht anders vermag man zu erklären, wenn er etwas weiter im Text die Nachteile, mit denen ein Genie zu kämpfen hat – so man es derart ausdrücken will – wie folgt darstellt:

> "Da die geniale Erkenntniß, oder Erkenntniß der Idee, diejenige ist, welche dem Satz vom Grunde nicht folgt, hingegen die, welche ihm folgt, im Leben Klugheit und Vernünftigkeit ertheilt und die Wissenschaften zu Stande bringt; so werden geniale Individuen mit den Mängeln behaftet seyn, welche die Vernachlässigung der letzteren Erkenntnisweise nach sich zieht." (222)

Nochmals verweist Schopenhauer auf den undurchsichtigen Ideenbegriff – auch hier können wir sagen: ungeachtet der Vagheit dieses Konzepts, so beruht es dennoch auf sprachlicher Grundlage; die Idee ist Sprache beziehungsweise sprachlicher Natur.

Obendrein wäre Schopenhauer mit seiner Annahme zu widersprechen, daß das geniale Individuum seinen "Satz vom Grunde" nicht in dem Ausmaß beachte, wie das etwa ein Wissenschaftler tue; im Gegenteil: Voraussetzung für das Genie ist ebenfalls, den Überblick zu behalten, wozu eben dieser "Satz vom Grunde" zählt. Das Genie erkennt Zusammenhänge. Dies mag unbewußt passieren, aber Schopenhauers "Satz vom Grunde" muß daran beteiligt sein; und am Anfang aller dieser Dinge steht die Sprache. Der "Satz vom Grunde" ist im Prinzip eine sprachliche Regel; die Sprache oktruiert ihn uns auf.

Schopenhauers Genie-Verständnis soll nun auch als Überleitung dienen zum Vierten Buch des ersten Teils seines Hauptwerks mit dem Titel "Der Welt als Wille zweite Betrachtung: Bei erreichter Selbsterkenntniß Bejahung und Verneinung des Willens zum Leben". Wiederum ist es Schopenhauers mysteriöse metaphysische Sprache, die uns angesichts einer solchen Überschrift die Achseln zucken läßt: Was bedeutet "Selbsterkenntnis"? Es könnte heißen, daß das Ich seinen Willen als Weltwillen zur Objektität erhoben hat. Dann wiederum hätte das Ich den Willen v o l l s t ä n d i g erkannt, was Schopenhauer ja eigentlich emphatisch negiert. Falls dem also nicht so ist, könnte das Ich sich gar nicht vollständig selbst erkennen, was wiederum dieses Vierte Buch überflüssig machte.

Andererseits fragen wir uns auch, was denn Selbsterkenntnis mit der Bejahung beziehungsweise Verneinung des Willens zum Leben zu tun hat. Intuitiv könnte der Leser vermutlich annehmen, daß Selbsterkenntnis automatisch eine Bejahung des Lebens impliziert: Nur wenn ich mich selbst n i c h t oder n o c h   n i c h t erkannt habe, das heißt den "Sinn" meines u r - e i g e n e n Daseins, verneine ich das Leben.

Der metaphysisch orientierte Sophist würde allerdings genau gegensätzlich argumentieren: Solange ich auf der S u c h e nach Selbsterkenntnis bin, sehe ich S i n n in meinem Dasein; sobald ich sie aber gefunden habe, macht das Leben k e i n e n Sinn mehr – ich habe durch meine Selbsterkenntnis genauso die Welt um mich herum vollständig und damit mein Fortbestehen für ad absurdum erklärt.

Schopenhauer verwirrt uns außerdem abermals mit dem Gebrauchskontext des Ausdrucks "Willen": Der Wille zum Leben scheint etwas anderes zu sein als der Wille der Welt. Man möchte Schopenhauer fragen: Was ist denn nun **d e r** Wille schlechthin?

Betrachten wir diesen Kommentar zum Titel des Vierten Buchs als kleinen Einschub und kommen zurück zur erwähnten Überleitung im Hinblick auf den Geniebegriff: In diesem Vierten Buch, das wohl moralphilosophische Überlegungen in Bezug zum (ungeklärten) Willen setzt, finden wir nochmals Anmerkungen zum Geniebegriff:

> "In gleichem Maße also, wie die Erkenntniß zur Deutlichkeit gelangt, das Bewußtseyn sich steigert, wächst auch die Quaal, welche folglich ihren höchsten Grad im Menschen erreicht, und dort wieder um so mehr, je deutlicher erkennend, je intelligenter der Mensch ist: der, in welchem der Genius lebt, leidet am meisten." (365/66)

Seltsamerweise impliziert Schopenhauer in diesem Zitat, daß es noch andere Lebewesen außer dem Menschen mit Bewußtsein gebe. Es sollte jedoch einleuchtend geworden sein, daß Bewußtsein (der Ich-Begriff) nur bei einem Wesen denkbar ist, das der / einer Sprache mächtig ist. Diese Bemerkung Schopenhauers zeigt erneut auf, daß ihm die Sprache beziehungsweise deren philosophische Relevanz nichts bedeutet.

Wenn wir allerdings Schopenhauers Postulat in Bezug auf die Sprache interpretieren wollen, kommen wir zu folgendem Schluß: Der Mensch quält sich durchs Leben, weil er Sprache besitzt; er kann nur Erkenntnis haben, da ihm die Sprache dies ermöglicht.

Schopenhauer spricht davon, daß die Qualen, denen der Mensch und sodann das Genie unterliegt, sich proportional mit der Entwicklung von dessen "Bewußtseyn" steigere. Das bedeutet: je ausgeprägter die linguistischen Fähigkeiten des Individuums sind, desto mehr quält sich dieses durch seine Existenz. Zu solchen linguistischen Fähigkeiten zählt auch das abstrakte Denkvermögen. Das Genie überblickt die (abstrakten) Zusammenhänge; es steht hingegen nicht in seiner Macht, viele beziehungsweise die meisten jener Zusammenhänge in die gewünscht positiveren Bahnen zu lenken, weshalb das Genie eben dazu verdammt ist zu leiden.

So dürfen wir Schopenhauer wenigstens einmal zustimmen in seiner Einschätzung, die er sicherlich auf sich selbst bezieht, genauso wie der Autor der vorliegenden Schrift! Wir maßen uns (alle?) an, es besser zu wissen als die anderen, die unsere Stimme ignorieren, weshalb uns das Schicksal des Leidens beschieden ist!

Dazu kommt nun ein Paradoxon, gegenüber welchem sich das menschliche Individuum hoffnungslos ausgeliefert findet:

"Sein eigentliches Daseyn ist nur in der Gegenwart, deren ungehemmte Flucht in die Vergangenheit ein steter Uebergang in den Tod, ein stetes Sterben ist; da sein vergangenes Leben, abgesehen von dessen etwanigen Folgen für die Gegenwart, wie auch von dem Zeugniß über seinen Willen, das darin abgedrückt ist, schon völlig abgethan, gestorben und nichts mehr ist: daher auch es ihm vernünftigerweise gleichgültig seyn muß, ob der Inhalt jener Vergangenheit Quaalen oder Genüsse waren. Die Gegenwart aber wird beständig unter seinen Händen zur Vergangenheit: die Zukunft ist ganz ungewiß und immer kurz. So ist sein Daseyn, schon von der formellen Seite allein betrachtet, ein stetes Hinstürzen der Gegenwart in die todte Vergangenheit, ein stetes Sterben." (367)

Hier sehen wir Schopenhauer gar verzweifelt: Im Prinzip führt er an dieser Stelle den Begriff, die Denkkategorie der Zeit ad absurdum, entlarvt sie eigentlich als der Scheinbegriff metaphysischer Natur, der sie tatsächlich ist – der zukünftige Augenblick ist als Gegenwart überhaupt nicht wahrnehmbar, weil er dann bereits zur Vergangenheit wurde!

Es wird evident, daß man über die eben verwendeten Ausdrücke nicht widerspruchsfrei reden kann; sie sind metaphysischen Ursprungs.

Der Begriff der Zeit entstammt unserem linguistischen Mesokosmos, der Welt unserer persönlichen, "mittleren" Wahrnehmung; wir wenden ihn sodann auf den Kosmos an, weshalb uns Letzterer gar unbegreiflich erscheint. Mit mesokosmischen Mitteln vermögen wir uns den Kosmos nicht zu erschließen.

Ein weiteres Dilemma wird von Schopenhauer in der oben zitierten Passage angesprochen: die "Quaalen" beziehungsweise "Genüsse", mit denen sich das (denkende, sprachfähige) Individuum auseinanderzusetzen hat. Damit kommen wir zu moralphilosophischen Grundsätzen. Was ist eine "Quaal" und was ist ein "Genuß", kommt hier unverzüglich die Frage. Man sieht: die mehrdeutige, vage Metaphysik lauert an jeder Ecke der Philosophie.

Moralphilosophische Begrifflichkeit führt uns zwangsläufig zu Sophistereien, die uns insbesondere auch im Zusammenhang mit dem Gottesbegriff begegnen. Das Sollen hat scheinbar überhaupt nichts mit dem Sein (dem "Ding-an-sich") zu tun. Es unterliegt einer gewissen Will-kür.

Die "Quaalen", die für Schopenhauer richtungsweisend im menschlichen Dasein sind, rühren von der Metaphysik her; es handelt sich um "Raum" und "Zeit":

> "Auf jeder Stufe, welche die Erkenntniß beleuchtet, erscheint sich [sic] der Wille als Individuum. Im unendlichen Raum und unendlicher Zeit findet das menschliche Individuum sich als endlich, folglich als eine gegen Jene verschwindende Größe, in sie hineingeworfen und hat, wegen ihrer Unbegränztheit immer nur ein relatives, nie ein absolutes Wann und Wo seines Daseyns: denn sein Ort und seine Dauer sind endliche Theile eines Unendlichen und Gränzenlosen." (366/67)

Abermals betont Schopenhauer den angeblichen Antagonismus zwischen Endlichkeit und Unendlichkeit, wobei die Letztere ultimativ für das menschliche Individuum unbegreifbar bleibt. Interessanterweise etikettiert Schopenhauer das menschliche "Daseyn" als "Hineingeworfen"-Sein in jenen Gegensatz zwischen Endlichkeit und Unendlichkeit. Worauf er im Prinzip damit hindeutet, ist die Sprache: Wir sind uns erst dieses "Daseyns" bewußt, wenn wir Sprache besitzen; unsere Sprache kreiert derlei Begriffsantagonismen wie denjenigen der Endlichkeit und Unendlichkeit.

Die Unendlichkeit ist n i c h t "da"; wir erschaffen sie uns genauso wie die Begriffe der Perfektion, Vollkommenheit, Absolutheit.

Der Mensch ist gemäß Schopenhauer – und damit in Übereinstimmung zu moderneren physikalischen Theorien – ein "relatives" Wesen; es bestimmt demnach seinen Ort und seine Zeit in Relation zu anderen. Was er dadurch jedoch (eher unbewußt) impliziert, ist des Menschen Relativität zu Sprache: Sie determiniert das Verhältnis des menschlichen Individuums zu seiner Umgebung sowie zu sich selbst. Diese Determination beziehungsweise Definition umfaßt eben Begriffe wie "Unendlichkeit", "Vollkommenheit", "Zeit" und "Raum", die eigentlich Orientierung herbeiführen sollten, aber häufig doch zu größerer Verwirrung beitragen, eben weil die menschliche Sprache ein "unvollkommenes" Mittel bereitstellt, um sich mit der "Außen-" und "Innenwelt" adäquat auseinanderzusetzen.

Schließlich folgert Schopenhauer angesichts des sinnlosen Kampfes des Menschen gegen jegliche Relativität:

> "[…] endlich ist eben so die Regsamkeit unseres Geistes eine fortdauernd zurückgeschobene Langeweile." (367)

Das bedeutet wohl: Wer nachdenkt, langweilt sich keinesfalls! Und wer nicht nachdenkt, hat im Prinzip nichts zu tun, langweilt sich also, da er noch nicht einmal um seine Existenz zu kämpfen hat; sogar schon zu Schopenhauers Zeiten war die Gesellschaft in einem Maße dekadent geworden, daß ein Autor so etwas zu behaupten wagte: Die Sprache mit ihren Vorzügen hat uns einerseits ein Leben in Bequemlichkeit ermöglicht, verdirbt uns aber andererseits unser "Daseyn", indem sie uns einen solchen Begriff wie "Langeweile" gibt. Ein Wesen ohne Sprache "langweilt" sich n i c h t, es kämpft um seine tägliche Existenz. "Sorg"-los verweilt es in seiner Welt bar der Sprache und hat ständig etwas zu tun. Sein W i l l e ist der Überlebenstrieb, der dem Menschen – nicht zuletzt aufgrund seiner Sprache – mitunter abhandenkommt. Und wenn es nicht als "Überlebenstrieb" bezeichnet werden kann im Falle des Homo sapiens, so vielleicht als "Lebens-Optimismus", den man Schopenhauer nicht unbedingt zusprechen darf. Doch dazu gehen wir etwas später über. Zunächst verharren wir noch kurz beim Begriff der Langeweile, den Schopenhauer mit etwas anderen Worten zusammenfaßt, als das eben geschah:

> "Wie die Noth die beständige Geißel des Volkes ist, so die Langeweile die der vornehmen Welt." (370)

Hier könnten wir wieder den Zeitfaktor anmerken: je mehr "Z e i t" das Individuum zur Verfügung hat, desto größer ist die Gefahr, daß es sich "langweilt"; doch der Einfluß der

Sprache hierbei bleibt unbestritten – sie vermittelt uns diese zwei Begriffe und stellt einen Zusammenhang zwischen den beiden her. Und wenn wir uns in derlei metaphysischen Sphären bewegen, dann mag es wenig verwunderlich erscheinen, daß Schopenhauer das "pessimistische" Fazit zieht:

"[…] zwischen Schmerz und Langeweile wird jedes Menschenleben hin und her geworfen." (371)

Gerade weil wir den Dingen einen Namen geben können, empfinden wir solche Phänomene wie Schmerz und Langeweile. Sie sind Bestandteile des (sprachlichen) "Bewußtseyns".

Ebenso verhält es sich mit dem "Glück" beziehungsweise "Unglück" – erneut, unter Einbeziehung des Zeitfaktors, urteilt Schopenhauer wie folgt darüber äußerst pessimistisch:

"[…] die Erfahrung lehrt auch, daß, wenn ein großes Unglück, bei dessen bloßen [sic] Gedanken wir schauderten, nun wirklich eingetreten ist, dennoch unsere Stimmung, sobald wir den ersten Schmerz überstanden haben, im Ganzen ziemlich unverändert dasteht; und auch umgekehrt, daß nach dem Eintritt eines lang ersehnten Glückes, wir uns im Ganzen und anhaltend nicht merklich wohler und behaglicher fühlen als vorher. Bloß der Augenblick des Eintritts jener Veränderungen bewegt uns ungewöhnlich stark als tiefer Jammer, oder lauter Jubel; aber Beide verschwinden bald, weil sie auf Täuschung beruhten. Denn sie entstehen nicht über den unmittelbar gegenwärtigen Genuß oder Schmerz, sondern nur über die Eröffnung einer neuen Zukunft, die darin anticipirt wird. Nur dadurch, daß Schmerz oder Freude von der Zukunft borgten, konnten sie so abnorm erhöht werden, folglich nicht auf die Dauer." (373)

Wenn wir dieses Urteil Schopenhauers als "pessimistisch" klassifizieren, bewegen wir uns gleichermaßen in der metaphysischen Lebenswelt, in der Illusion oder, wie es Schopenhauer in obigem Zitat nennt, in der "Täuschung". Die metaphysische Sprache "täuscht" uns s t ä n d i g und ü b e r a l l, sei dies, wenn wir etwas als "pessimistisch" einschätzen oder wenn wir überhaupt Begriffe wie "Glück" und "Unglück" zu analysieren versuchen. Und immer kommt uns dabei das persönliche, subjektive Zeitempfinden, das uns die Sprache erst "bewußt" macht, in die Quere, und das selbstverständlich V e r ä n d e r u n g impliziert / suggeriert. Im Grunde kann "Glück" (aber auch "Unglück") nicht d a u e r -haft empfunden werden. Letztlich ist "Glück" einzig mit "Erinnerung" verbunden, zumal wir den Nu des eigentlichen Glücks nicht festzuhalten vermögen – deshalb verwendet Schopenhauer auch die Metapher des "Borgens von der Zukunft": Die Vorfreude ist nicht das wirkliche Glück, sondern das potentiell antizipierte, genauso wie die Erinnerung an den "Augenblick" des Glücks. Das Fazit muß sein: Wir können nie glücklich sein, woran die Sprache Schuld hat, unter anderem wegen des Zeitbegriffs, den man metaphysisch-sophistisch in der gerade angedeuteten Art und Weise willkürlich drehen und wenden kann. Zu tatsächlicher Erkenntnis trägt dies wenig bis garnichts bei.

Die Illusion des Glücks führt Schopenhauer dann erwartungsgemäß zum Tragödiencharakter des menschlichen "Daseyns":

"Das Leben jedes Einzelnen ist, wenn man es im Ganzen und Allgemeinen übersieht und nur die bedeutsamsten Züge heranhebt, eigentlich immer ein Trauerspiel; aber im Einzelnen durchgegangen, hat es den Charakter des Lustspiels. Denn das Treiben und die Plage des Tages, die rastlose Neckerei des Augenblicks, das Wünschen und Fürchten der Woche, die Unfälle jeder Stunde, mittelst des stets auf Schabernack bedachten Zufalls, sind lauter Komödienscenen. Aber die nie erfüllten Wünsche, das vereitelte Streben, die vom Schicksal unbarmherzig zertretenen Hoffnungen, die unsäligen Irrthümer des ganzen Lebens, mit den steigenden Leiden und Tode am Schlusse, geben immer ein Trauerspiel." (380)

Dieses Zitat fördert deutlich zutage, wie eng der Zeitbegriff mit anderen metaphysischen Konzepten verwoben ist; erstellen wir ganz einfach eine Liste: "Tag", "Augenblick", "Woche", "Stunde" als Repräsentanten der Zeit sowie "Plage", "Wunsch", "Furcht", "Unfall" beziehungsweise "Zufall", "Streben", "Hoffnung", "Irrtum", "Schicksal", die ohne Ausnahme für die Metaphysik der Emotionen stehen. An den Ausdrücken "Unfall" und "Zufall" läßt sich der zeitliche Zusammenhang veranschaulichen, wenngleich die Interpretation der Begriffe eine beträchtliche Angriffsfläche für den Sophisten bietet, somit die Schwammigkeit metaphysischer Sprache abermals untermauert: Unter rein zeitlichem Aspekt bedeutet "Zufall" nichts anderes als "Unfall", zumal beide Wörter auf zwei Ereignisse referieren, die gleichzeitig eintreffen; einmal interpretieren wir es neutral bis positiv, das andere Mal äußerst negativ; beide Ausdrücke implizieren eine geringe Wahrscheinlichkeit dessen, daß besagte zwei Ereignisse zur gleichen Zeit eintreten. Hinsichtlich der Beschreibung beziehungsweise Erkenntnis des Dinges-an-sich (oder auch des "objektivirten" Weltwillens Schopenhauers) bleibt ein solches Begriffsinventar absolut fruchtlos. Dem Menschen bietet so etwas lediglich ein Spielfeld für Streitereien und endlose Debatten, bei denen im Prinzip jedes Argument anzuerkennen ist. Was der Philosoph aber eigentlich suchen sollte, ist zeitlose Wahrheit, ein metaphysisches Phänomen, welches uns die Sprache allerdings einfach nicht gestatten kann; zwar gibt sie uns einen derartigen Begriff als Werkzeug in die Hand, um die Welt "besser" zu "verstehen", aber andererseits verweigert sie uns, ihn vollständig zu definieren. Wir geraten zurück in die Zwickmühle, die uns dazu zwingt, Sprache mit Hilfe von Sprache zu erklären, was ebenso wenig zulässig scheint wie die mathematische Hypothese, daß eine Menge sich selbst enthalten könne / dürfe.

Schopenhauer bescheinigt nicht aus diesem Grund dem menschlichen "Daseyn" eine beträchtliche "Unglücksäligkeit" – für ihn ist es das Leben als solches, die "Menschenwelt", die

"[…] das Reich des Zufalls und des Irrthums ist, die unbarmherzig darin schalten, im Großen, wie im Kleinen, neben welchen aber noch Thorheit und Bosheit die Geißel schwingen […]." (383)

Nicht zuletzt aufgrund der Verwendung von Metaphern wie derjenigen der "Geißel" meint man, daß sich Schopenhauer mitunter in einen metaphysischen Rausch redet. Wieder bestimmen Konzepte wie "Zufall", "Irrthum", "Thorheit" und "Bosheit" seine Darstellung, was selbstverständlich als höchst streitbar bezeichnet werden muß. Die eigentliche Geißel aber sieht er nicht: die Sprache! Das Folterwerkzeug der Sprache leitet den Menschen zwangsläufig zu Bosheit, Torheit, Irrtum und angeblicher Wahrheit. Um Schopenhauer beziehungsweise Kant in diesem Zusammenhang rechtzugeben, könnten wir provokativ postulieren: Der Vorhang der Sprache verschleiert uns den Weltwillen, das Ding-an-sich. Das geht dann sogar so weit, daß wir uns überhaupt kein anderes (Kommunikations-) Mittel vorstellen können, welches dieser Schwierigkeit gewachsen wäre, zumal es einem Ding der Unmöglichkeit gleichkommt, die gesamte Metaphysik aus der Sprache zu verbannen, um den "klaren" Blick auf die Dinge, wie sie sich in "Wirklichkeit" verhalten, zu bekommen. Schopenhauers Sprache jedenfalls, die größtenteils eben dieser Metaphysik verpflichtet ist, bewerkstelligt so etwas nicht.

Damit vermag er folgerichtig ebenfalls nicht, sein eigenes Kriterium bezüglich der Aufgabe eines Philosophen zu erfüllen:

"Das ganze Wesen der Welt abstrakt, allgemein und deutlich in Begriffen zu wiederholen, und es so als reflektirtes Abbild in bleibenden und stets bereit liegenden Begriffen der Vernunft niederzulegen: dieses und nichts anderes ist Philosophie." (453)

Ohne begriffskritisch vorzugehen, würden wir aus moderner Sichtweise urteilen, daß Schopenhauer das Programm der Naturwissenschaften an dieser Stelle charakterisiert und mitnichten der Philosophie; dabei wäre allerdings zu berücksichtigen, daß zu seinen Zeiten wohl noch die Philosophie als "Dach" der Wissenschaften gegolten haben mag.

Davon ganz abgesehen, müssen wir Schopenhauer erneut eine gewisse begriffliche Inkonsequenz vorwerfen, welche eben wiederum auf den metaphysischen Charakter der Aussage zurückgeht: Zunächst spricht er von einer quasi absoluten "Deutlichkeit" der Begriffe, die seiner "Philosophie" nachgewiesenermaßen (siehe oben) ermangelt – wer den Vernunftbegriff so großzügig benutzt wie er, wird niemals Klarheit der Darstellung / Erklärung erreichen.

Damit nicht genug: Schopenhauer betont nun, daß die Philosophie ein "reflektirtes Abbild" der Welt geben solle; das widerspricht in auffälligster Weise seinen gesamten, weiter oben gestellten Ansprüchen: da hieß es noch in Anlehnung an Kant, der eigentliche Weltwille beziehungsweise das Ding-an-sich sei in letzter Instanz nicht erkennbar, und dennoch wird nun von der (vagen) philosophischen "Vernunft" gefordert, sie habe ein eben solches "reflektirtes Abbild" der Welt zu schaffen; da wir jedoch diese ("wirkliche") Welt nicht hundertprozentig erkennen können, bewerkstelligt es der Schopenhauersche Idealphilosoph allenfalls, das Abbild eines Abbildes zu beschreiben – die Welt bildet sich in seinen Sinnen ab, wovon er wiederum ein Abbild für die "Nach"-Welt kreiert; dies müsse aber dann, wie Schopenhauer unterstreicht, "bleibend", also beständig und quasi zeitlos sein, was wiederum eine Kontradiktion in sich selbst bildet: die zeit-abhängige Sprache kann nichts Zeit-Un-Abhängiges darstellen; der Philosoph ist auf die Sprache als Kommunikationsmittel angewiesen; es steht außerhalb seiner Macht, die Sprache von ihrer Zeit-Abhängigkeit zu "befreien" und damit von ihrem ultimativen Verhaftetsein in der Metaphysik.

Die Naturwissenschaft stellt somit nur den Versuch eines Ausbruchs daraus dar, doch gelingt es auch ihr nicht, den Zeitbegriff auszuschließen. Aus diesem Grund bliebe einzig die Mathematik, welche mitunter ohne metaphysische Begrifflichkeit auszukommen vermag.

Wenn Schopenhauer also dann im Anschluß an das Vierte Buch des ersten Teils seines

Hauptwerks zu einer Monumentalkritik an Immanuel Kants Transzendentalphilosophie anhebt, macht er im Prinzip nichts anderes, als seine eigene "Ideologie" anzugreifen, da er eigentlich noch in stärkerem Maße als sein philosophisches Vorbild der Metaphysik verpflichtet ist.

Andererseits reduziert Schopenhauer aber die Anzahl von Kants Verstandesbegriffen beziehungsweise -kategorien auf eine einzige:

"Noch ist zu bemerken, daß Kant, so oft er, zur näheren Erläuterung, ein Beispiel geben will, fast jedesmal die Kategorie der Kausalität dazu nimmt, wo das Gesagte dann richtig ausfällt, - weil eben das Kausalitätsgesetz die wirkliche, aber auch alleinige Form des Verstandes ist, und die übrigen elf Kategorien nur blinde Fenster sind." (529)

Der "Satz vom Grunde" bildet das A und O von Schopenhauers Erkenntnistheorie. Es mag dementsprechend als signifikant erachtet werden, wie diese Kausalität vom Begriff der Zeit abhängt: der Satz vom Grund fordert, wenn ein Ereignis a eintritt, dann folgt ihm per Kausalität das Ereignis b; dieses Wenn-Dann impliziert eine zeitliche Abfolge; wie weiter oben bereits gezeigt wurde, widerspricht das zeitliche Wenn-Dann dem mathematisch-logischen "→"; das zeitliche Wenn-Dann ist metaphysischer Natur; das mathematisch-logische "→" kann als "objektiv" erachtet werden. Der Konflikt zwischen zeitlicher und mathematisch-logischer Kausalität verwirrt, und Schopenhauer verabsäumt es, eben diesen Konflikt zu thematisieren, geschweige denn, zu erklären. Solange jene Antinomie der Kausalitäten nicht aufgelöst werden kann, bewegt sich keine Erkenntnistheorie auch nur einen winzigen Schritt weiter.

Da Schopenhauer uns in dieser Hinsicht nichts anbietet, dürfte er sich auch keinerlei Kritik an Kant erlauben. Im Gegenteil: Mit seiner "Einführung" des "objektivirten" Willens schafft er mehr metaphysische Unklarheit, als dies ohnehin bei Kant schon der Fall war. Obendrein widerspricht er seinen eigenen Postulaten von vorher – nur um der Kritik an Kant willen, wie es im Folgenden anmutet:

> "Ueberhaupt giebt es, nach Kant, von den Objekten bloß Begriffe, keine Anschauungen. Ich hingegen sage: Objekte sind zunächst nur für die Anschauung da, und Begriffe sind allemal Abstraktionen aus dieser Anschauung." (531)

Schopenhauer räumt damit ein, daß wir die Objekte so "anschauen", wie sie tatsächlich sind: Wir erkennen hiermit den Weltwillen oder das Ding-an-sich, wie er / es wirklich ist;

man sieht abermals, wie sich Schopenhauer selbst widerspricht oder sich zumindest so verschwommen ausdrückt, daß man eine Kontradiktion in seine Aussagen hineininterpretieren kann.

In unserer kritischen Betrachtung Schopenhauers dürfen wir uns schließlich auch seine Metapher des "blinden Fensters" zunutze machen: Wo er die Kausalität als die einzige Verstandeskategorie sieht, sich demnach sämtliche andere, von Kant aufgestellten auf diese eine reduzieren, müssen wir aufgrund aller obiger Argumentation fordern, daß auch eben diese eine Kategorie der Kausalität als "blindes Fenster" zu klassifizieren ist – für den Menschen gibt es folglich nur die "Kategorie" der Sprache, welche den Möglichkeitsraum für jedwede weitere Kategorisierung bildet; ohne Sprache gibt es keine Begriffe und somit keine Verstandeskategorien.

Schopenhauers Inkonsequenz zeigt sich sodann auch noch hinsichtlich dreier Begriffe, die er im Rahmen seiner Kritik an Kant thematisiert: Wirklichkeit, Zeit und Materie.

Den Begriff der Wirklichkeit versucht Schopenhauer, logisch zu analysieren:

"Da nun die Konklusio, welche die Aussage der Wirklichkeit ist, stets n o t h w e n d i g [sic] erfolgt, so geht hieraus hervor, daß alles, was wirklich ist, auch nothwendig ist; welches auch daraus einzusehen, daß Nothwendig-seyn nur heißt, Folge eines gegebenen Grundes seyn: dieser ist beim Wirklichen eine Ursache: also ist alles Wirkliche nothwendig. Demnach sehn wir hier die Begriffe des Möglichen, Wirklichen und Nothwendigen zusammenfallen und nicht bloß den letzteren den ersten voraussetzen, sondern auch umgekehrt. Was sie auseinanderhält, ist die Beschränkung unseres Intellekts durch die Form der Zeit: denn die Zeit ist das Vermittelnde zwischen Möglichkeit und Wirklichkeit." (555)

Schopenhauer gibt uns mit diesem Zitat ein neuerliches "anschauliches" Beispiel für die Möglichkeiten einer sophistischen Metaphysik – allein mit Hilfe sprachlicher Mittel gelingt es ihm, die Begriffe der Möglichkeit und Wirklichkeit gleichzusetzen, wozu er einen der problematischsten metaphysischen Begriffe als "Mittler" verwendet: die Zeit! Provokativ können wir hier also (im Sinne Schopenhauers) fordern: Der (Welt-) Wille ist wirklich, weil er möglich ist; aus der Möglichkeit wird (durch die Zeit) die Wirklichkeit. Demnach wäre alles Denkbare mit der Zeit wirklich.

Diese ganze Wortspielerei führt Schopenhauer dann wiederum total ad absurdum, wenn er die Materie zum "Absolutum" kürt:

"Wollen die Herren absolut ein Absolutum haben, so will ich Ihnen eines in die Hand geben, welches allen Anforderungen an ein solches viel besser genügt, als ihre erfaselten Nebelgestalten: es ist die Materie. Sie ist unentstanden und unvergänglich, also wirklich unabhängig und *quod per se est et per se concipitur* [sic]: aus ihrem Schoß geht Alles hervor und alles in ihn zurück: was kann man von einem Absolutum weiter verlangen?" (574)

Im Prinzip macht Schopenhauer an dieser Stelle seine eigenen "Nebelgestalten", die metaphysischen Begriffe, mit denen er hunderte von Seiten herumspielte, lächerlich und setzt die Materie als Urgrund, Arché!

Erinnern wir uns einfach an den Beginn seines Opus magnum, wo Schopenhauer noch behauptet:

"Zeit aber und Raum, jedes für sich, sind auch ohne die Materie anschaulich vorstellbar; die Materie aber nicht ohne jene." (10)

Ist Materie nun unentstanden und unvergänglich? Das würde bedeuten, daß sie o h n e Zeit vorstellbar wäre.

Wir sehen wieder und wieder, in welche Widersprüchlichkeiten wir uns verstricken, sobald wir mit metaphysischen Konzepten operieren.

In diese (linguistische) Falle tappt Schopenhauer unentwegt im Rahmen seines Hauptwerks, wie zu beweisen war.

<u>Konrad Lorenz</u>:
"Kant's [sic] Lehre vom Apriorischen im Lichte gegenwärtiger Biologie" (1941)

Liegen zwischen den philosophischen Haupt-
werken Kants und Schopenhauers "nur" 35
Jahre, so bedeutet es sicherlich, einen kleinen
Zeitsprung zu vollführen, wenn wir unsere
Untersuchungen mit einer Schrift fortsetzen,
die über ein Jahrhundert später veröffentlicht
wurde als *Die Welt als Wille und Vorstellung*.
  Allein dieser Einleitungssatz macht sich selbst
der "metaphysischen" Ausdrucksweise "schuldig", indem er auf den Zeitbegriff referiert –
philosophische Analysen kommen nicht ohne
ihn aus, wie es scheint. Es sollte aber auch zeigen, daß die Referenz auf die Zeit unnötig sein
müßte, zumal der Philosoph auf der Suche
nach zeit-unabhängiger, "beständiger" Wahrheit ist. In moderner Hinsicht macht ihn dies
zum (Natur-) Wissenschaftler, der feststehende
Gesetze in unserer Umgebung / Welt erkennt
und der Gemeinschaft als bleibendes Gut mit-
teilt.
  Mit einem solchen Selbstverständnis ging sicherlich Konrad Lorenz zu Werke, womöglich
mit außerordentlichem Elan, der ihm durch
seine Forschungen zum Verhalten von Gänsen
Weltruhm einbrachte.

Genau jene Untersuchungen leiteten ihn dazu an, sich mit den Kantischen Denkkategorien beziehungsweise Verstandesbegriffen auseinanderzusetzen, zumal er meinte, zumindest "Ähnliches" bei den von ihm beobachteten Tieren entdeckt zu haben. Deshalb unternimmt er es in seinem 1941 erschienen Artikel, Kants Begrifflichkeit in einen evolutionstheoretischen Rahmen zu integrieren beziehungsweise anhand modernerer biologischer Erkenntnisse zu modifizieren.

Zu Beginn des Artikels faßt Lorenz Kants erkenntnistheoretische Hypothesen zusammen, nicht ohne im allerersten Satz dem Königsberger Philosophen beizupflichten, daß die "Formen des Raumes und der Zeit" sowie der Kausalität unser aller "Anschauung von vornherein anhaften […]" (94). Lorenz begeht also denselben Fehler, wenn wir ihn so nennen wollen, wie Kant und Schopenhauer: Er akzeptiert die bei Geburt des Menschen vorhandenen "Grund"-Kategorien, ohne sich klargemacht zu haben, daß wir selbige erst benennen können, wenn wir im Vollbesitz der Sprache sind. Lorenz übernimmt zwangsläufig das philosophisch-metaphysische Vokabular. Dennoch bezweifelt er den Aprioritätsgedanken bei Kant, indem er folgende Frage stellt:

"Ist die menschliche Vernunft, mit allen ihren Anschauungsformen und Kategorien, nicht ganz ebenso wie das menschliche Gehirn etwas organisch, in dauernder Wechselwirkung mit den Gesetzen der umgebenden Natur Entstandenes?" (95)

Mit dem Nomen "Entstandenes" impliziert Lorenz zwei fundamentale Aspekte: Zum einen entlarvt er Kants Idee des vor aller Erfahrung Vorhandenen (a priori) als etwas Unmögliches, zum andern betont er die Zeitabhängigkeit seiner eigenen Forschung / Disziplin – der Evolutionsgedanke kommt selbstredend nicht ohne den Begriff der Zeit aus (wie auch der verwendete Ausdruck "dauernde Wechselwirkung" verdeutlicht).

Lorenz zieht in Erwägung, daß eine andere Entwicklung unseres "Denkapparates" möglich gewesen wäre, eine andere "Wechselwirkung", die somit zur Folge gehabt hätte, daß wir ganz andere Verstandesbegriffe besäßen.

Signifikant mag wohl ebenfalls sein, daß er "menschliche Vernunft" und das Gehirn im Prinzip gleichsetzt in ihrem Verhältnis zur Umgebung. Die Frage könnte nun natürlich aufkommen, warum das Gehirn überhaupt getrennt gesehen wird von der (metaphysischen) Vernunft. Die Vernunft "sitzt" im Zentralen Nervensystem des Menschen: Das, was wir schwammig als "Vernunft" bezeichnen, ist das Gehirn, von wo aus auch alle linguistischen Fähigkeiten des Individuums ausgehen. "Vernunft" darf somit als eine Gehirnfunktion bezeichnet werden, der wir eben diesen Namen gegeben haben – womöglich, um den Sachverhalt zu verkomplizieren.

Die Grundschwierigkeit bei Lorenz' Fragestellung bleibt also; in ihr verwendet er Begriffe unterschiedlicher sprachlicher Ordnung, weshalb eine eindeutige Beantwortung von vornherein behindert, wenn nicht sogar ausgeschlossen wird.

Die linguistische Analyse der ersten Frage von Lorenz führt uns dementsprechend, ganz ähnlich wie im Falle Kants und Schopenhauers, zu widersprüchlichen Sophismen, die dem Bestreben von Lorenz gleich zu Beginn im Weg stehen. Jedoch sieht er eine derartige Problemstellung nicht, zumal er sein Programm als Mischung des Wissenschaftlichen mit dem Metaphysischen inhärent akzeptiert:

"Für den Naturforscher ist es Pflicht [sic], den Versuch der natürlichen Erklärung zu machen, ehe er sich mit der Heranziehung außernatürlicher Faktoren zufriedengibt, und diese Pflicht besteht in vollem Maße für den Psychologen, der sich mit der von Kant entdeckten Tatsache auseinandersetzen muß, daß es so etwas wie apriorische Denkformen gibt." (95)

Diese Aussage mag ein gutes Beispiel dafür bieten, daß sich Lorenz im "Grenzgebiet" zwischen (evolutiver) Biologie und Psychologie einordnet. Im Rahmen der Verhaltensforschung können die Begrifflichkeiten, wie wir sie von Kant kennen, kaum weggedacht werden; die Psychologie operiert mit Konzepten, die ihre tendenziellen Untersuchungen widerspiegelt. Im Prinzip bewerkstelligt es die "Lehre von der Seele" nämlich nicht, unwiderlegbare Gesetze des menschlichen Gebarens aufzustellen – ihre Ergebnisse bestehen aus Regeln im Sinne von Leitlinien, was sich eben durch ihre metaphysisch durchsetzte Sprache erklären läßt.

Seltsamerweise scheint Lorenz das anders zu sehen, wenn er meint, daß dabei keine "außernatürlichen Faktoren" herangezogen würden: Die Begrifflichkeit der Psychologie / Verhaltensforschung / Evolutionsbiologie muß als "außernatürlich" bezeichnet werden aufgrund ihres Rekurses auf – plump ausgedrückt – nichtexistente Entitäten. Kants Denkkategorien mögen zum "Nach"-Denken anregen (man bemerke die Zeitreferenz allein dieses Ausdrucks), sie tragen aber zu keinerlei begrifflicher beziehungsweise wissenschaftlicher Präzision bei.

Was ist dementsprechend das Programm von Konrad Lorenz? Aus unserer bisherigen Argumentationsperspektive bindet er metaphysisch-erkenntnistheoretische Begrifflichkeit in eine scheinbar systematische, naturbezogene akademische Forschungsdisziplin (evolutionstheoretisch geprägte Verhaltensbiologie) ein. Aus der Sicht eines (gemäß seinem eigenen Selbstverständnis) Naturwissenschaftlers dürfte er jedoch nicht die Kantischen Denkkategorien als "entdeckte Tatsachen" klassifizieren, sondern wohl eher als Verständnishilfen, um das menschliche Dasein gewissermaßen auf abstrakter Ebene gedanklich besser zu verarbeiten.

Lorenz gelingt die "Historisierung" von Kants Aprioritätsbegriff auf sprachlicher Ebene, wenn er behauptet:

"Etwas in stammesgeschichtlicher Anpassung an die Gesetze der natürlichen Außenwelt Entstandenes ist in gewissem Sinne a posteriori entstanden, wenn auch auf einem durchaus anderen Wege als dem der Abstraktion oder der Deduktion aus vorangegangener Erfahrung." (96)

Mit einer Prise Sarkasmus könnten wir diesen Satz als eine "Bloßstellung" von Kants Aprioritätsbegriff und dessen Widersprüchlichkeit interpretieren: Kant sieht das A Priori als "vor aller Erfahrung", gewissermaßen als unabhängig von der Zeit, als auf immer beständig; Lorenz deckt den Widerspruch auf: der Organismus Mensch ist nicht beständig; er ist, so wie er ist, entstanden; letztendlich gibt es in seiner individuellen "Geschichte" kein A Priori, seine Spezies hat die Denkkategorien innerhalb von Jahrtausenden, innerhalb einer sehr langen Zeit "entwickelt"; stammesgeschichtlich (phylogenetisch) muß demnach ein Verstandesbegriff als a posteriori gelten, wenngleich der individuelle Mensch den Eindruck haben mag, daß diese Begriffe vor seiner (individuellen) Erfahrung (id est ontogenetisch) – a priori – da sind.

Lorenz weist Kant somit auf linguistischer Ebene dessen Apriorität-Illusion nach.

In unserem Sinne müßten wir nun Lorenz' Forderung erweitern, indem wir die Denkkategorien beziehungsweise Verstandesbegriffe durch die Sprache beziehungsweise Sprachfähigkeit ersetzen, was die Sache unter Umständen sogar klarer macht: Die Sprache ist uns individuell angeboren; innerhalb unserer Spezies hat sie sich jedoch "entwickelt"; sie wäre demzufolge ontogenetisch *a priori* und phylogenetisch *a posteriori*; konsequenterweise gilt das ebenso für die gesamte, aus der Sprache beziehungsweise Sprachfähigkeit entsprungene Begrifflichkeit oder abstrakte Kategorisierung des menschlichen Denkapparates.

Können wir Lorenz zwar, wie oben dargelegt, Metaphysierung seines Forschungsgebietes vorwerfen, so hebt er sich aber doch deutlich von Kant ab, indem er die Vergöttlichung der Natur ablehnt:

> "Für Kant, der bei allen seinen Erwägungen nur den erwachsenen Kulturmenschen als ein unveränderliches, gottgeschaffenes System in Betracht zog, bestand kein Hindernis, das an sich Seiende als g r u n d s ä t z l i c h [sic] unerkennbar zu definieren." (96)

Bei allen, uns zur Verfügung stehenden Mitteln, als deren stärkste unsere Sprache gilt, müssen wir demnach ganz einfach zugestehen, daß die Dinge sich so verhalten, wie wir sie wahrnehmen und intersubjektiv akzeptieren sowie mit Hilfe unserer Sprache beschreiben.

Der Mensch ist demzufolge aber abhängig von der Zeit, dem metaphysischen Faktor, der ihm offenbar zum Erlangen vollständiger Erkenntnis im Wege steht. Lorenz betont dies mit seiner Kant-Kritik, wo er die Sichtweise anprangert, daß der Mensch "unveränderlich" und "gottgeschaffen" sei.

Ohne Zweifel sehen wir wiederholt, daß wir uns argumentatorisch im Kreise drehen, s o - b a l d wir den Zeitfaktor thematisieren: er bestätigt und entkräftet alles, was wir behaupten; er weist selbständig, quasi im Alleingang die Defizienz der menschlichen Sprache nach.

Lorenz konstatiert im Weiteren eher wohlwollend über Kant:

> "Er durfte [sic] bei seiner in dieser einen Hinsicht rein statischen Betrachtungsweise der Grenze [sic] möglicher Erfahrung in die Definition des Dinges an sich [sic] einbeziehen und ihren Ort sozusagen für Mensch und Amöbe gleich – nämlich unendlich – weit vom An sich der Dinge ansetzen." (96/97)

Das bedeutet simpel, daß Kant aufgrund seines eigenen Kenntnisstands zu entschuldigen ist. Er konnte gemäß Lorenz gar nichts anderes fordern als die Unerkennbarkeit des Dinges-an-sich.

Wo aber liegt bei Lorenz die "Grenze möglicher Erfahrung"? Für ihn ist die Zeit entscheidend. Er postuliert eine stetig sich weiterentwickelnde Wechselwirkung zwischen Mensch und dessen (natürlicher) Umgebung. Insofern könnten sich auch die Grenzen möglicher menschlicher Erfahrung konsistent erweitern. Die Prognose für eine solche "Zukunft" darf aber getrost als rein spekulativ bezeichnet werden. Wir können noch nicht einmal Tendenzen erkennen, daß sich die Sprache in ihrer Mehrdeutigkeit / metaphysischen Verstricktheit in irgendeiner Weise "weiter"-entwickelt hätte. Somit müssen wir eingestehen, daß die "Grenze möglicher Erfahrung" des Menschen durch die "Grenzen" bestimmt wird, die ihm seine Sprache auferlegen. Und solange diese Sprache vom Zeitbegriff abhängt, gelingt es ihr nicht, einen dem momentanen Zustand überlegenen zu erreichen. Man beachte erneut die Referenz auf die Zeit im vorangegangenen Aussagesatz, der sich dadurch inhaltlich widerspricht: Man möchte einen Zustand der Perfektion (im Laufe der Zeit) erreichen, aber solange die Zeit weiter-"läuft", gibt es überhaupt keinen Zu-stand. Damit wären wir bei der Herakliteischen Weisheit angelangt: Panta rhei! Alles fließt! So auch eben die Evolution / Geschichte, die so wichtig in der naturwissenschaftlichen Perspektive von Konrad Lorenz ist. Für ihn ist die Zeit etwas "Wirkliches" im selben Maße wie die gesamte wahrnehmbare Außenwelt:

> "Vielmehr bedarf jede Naturforschung schlechtweg aufs notwendigste, eines Begriffs vom absolut Wirklichen, der möglichst wenig anthropomorph und vom zufälligen heutigen Ort menschlicher Erfahrungsgrenzen möglichst unabhängig ist." (97)

Wohl verstehen wir, was Lorenz hier sagt, und wahrscheinlich stimmen wir der Aussage sogar zu, aber das ändert nichts daran, daß sie aufgrund ihrer Metaphysik-Lastigkeit Widersprüche generiert. Eine große Frage bleibt nämlich: Wie kann die außermenschliche Wirklichkeit anders als durch den menschlichen Wahrnehmungsapparat perzipiert und sodann anders als durch menschliche Sprache beschrieben werden?

Der Anthropomorphismus kann nicht weggedacht werden.

Desweiteren spricht Lorenz vom "zufälligen heutigen Ort". Wie oben bereits erörtert wurde, erzeugt der Begriff "Zufälligkeit" unlösbare metaphysische Schwierigkeiten; ihn dann mit den in der mesokosmischen Empfindung getrennten Kategorien von Raum und Zeit zu verbinden, stürzt uns in noch tiefere Fahrwasser. Wenn wir schon von solchen Kategorien ausgehen, müssen wir sie in Verbindung interpretieren: Raum und Zeit sind nicht getrennt, sondern in einer Dimension verwoben, was für den Menschen schwer begreifbar ist – eventuell aufgrund der von Kant postulierten Verstandeskategorisierung (oder modularen Aufteilung des Verstandes), die uns die Sprache auferlegt. Die Raumzeit muß als e i n e e i n z i g e, unauftrennbare "Dimension" gelten, damit wir unsere Umgebung ansatzweise adäquat zu beschreiben in der Lage sind. Raum und Zeit mögen zwar im Sinne Kants intuitiv separate Kategorien sein, in Wirklichkeit sind sie aber de facto eine einzige. Und selbstverständlich verpflichtet sich dann der Naturwissenschaftler (unabhängig von einem solchen Gesichtspunkt) dazu, die Wirklichkeit der Welt außerhalb seiner eigenen Person als solche anzuerkennen: Das, was er wahrnimmt und im Diskurs mit seinen Mitmenschen bestätigt bekommt, ist real. Die wahrnehmbare Wirklichkeit ist für ihn das Ding an sich.

Konrad Lorenz geht allerdings noch einen Schritt weiter, indem er praktisch annimmt, daß der menschliche Sinnes- beziehungsweise Wahrnehmungsapparat einem Negativabbild seiner Umwelt gleicht insofern, als es eine "Anpassung" darstellt,

> "[…] die unserem Denken angeborenermaßen eine der Realität der Außenwelt weitgehend entsprechende [sic] Strukturierung verliehen hat." (98)

Das Ding-an-sich muß also genau so sein, wie wir es wahrnehmen, weil sich unser System der Umgebung so angepaßt hat, daß wir diese so wahrnehmen; es besteht keine andere logische Möglichkeit.

In dieser uneingeschränkten Anerkennung der Realität hebt sich Lorenz von Kant ab; dennoch respektiert er das Kantische "A Priori", indem er es "biologisiert":

"Wir sind überzeugt, daß das 'Apriorische' auf zentralnervösen Apparaten beruht, die völlig ebenso real sind wie etwa unsere Hand oder unser Fuß, völlig ebenso real wie die Dinge der an sich existenten Außenwelt, deren Erscheinungsform sie für uns bestimmen." (98)

Unsere neurologische Disposition gliche demnach einer biologisch basierten Vorprogrammierung für die Wahrnehmung einer real existierenden Außenwelt, die wiederum hauptverantwortlich für eben eine solche Grundeinstellung zeichnet.

Man sieht, in welchen Variationen man denselben Sachverhalt linguistisch darstellen kann. Das Bild bleibt dasselbe; der Inhalt scheint statisch.

Die Schwierigkeit des Aprioritätsbegriffs tut dies ebenso nicht: das "A Priori" hängt immer irgendwie von der Zeit ab – etwas ist vor etwas anderem vorhanden; aber was *war* davor? Wo ist das ultimative A Priori?

Wir gelangen zu einem unendlichen Regreß, zu einem semantischen, also letztendlich linguistischen Paradoxon.

Das Problem der Apriorität ist folglich ein sprachliches Dilemma, welches – wie oben mehrmals betont wurde – n i c h t mit Hilfe der Sprache selbst zu lösen ist. Die Sprache vermag ihre ur-eigenen beziehungsweise inhärenten Widersprüche nicht zu beseitigen.

Wir haben hier gezeigt, daß (nicht allein im Falle von Konrad Lorenz) die Frage der Realität der Außenwelt eng zusammenhängt mit dem Zeitbegriff, was sie zweifelsohne zu metaphysischer Verschwommenheit / Vagheit führt.

Lorenz schlägt sich also auf die Seite Kants hinsichtlich gewisser apriorischer Erkenntnisformen, wenn er von einer "neuen Entdeckung Kants" spricht,

> "[…] die Entdeckung, daß das Anschauen und Denken des Menschen v o r j e d e r i n - d i v i d u e l l e n E r f a h r u n g [sic] bestimmte funktionelle Strukturen besitzt." (100)

Aber ebensowenig wie Kant erkennt Lorenz es an, daß es sich bei jenen "Strukturen" lediglich um N a m e n handelt, die wir den entsprechenden Kategorien gegeben haben. Die Kategorien als solche w a r e n mitnichten vor unserer Erfahrung da, zumal es erst unsere sprachliche Entwicklung zuließ, sie zu postulieren / zu verstehen / anzuerkennen. Wir könnten allenfalls davon ausgehen, daß unsere Fähigkeit zu Sprache, der Möglichkeitsraum für Sprache gewissermaßen prästabiliert / vor-strukturiert ist. Der Möglichkeitsraum für Sprache wird dann dadurch aktiviert und "gefüllt", daß das Individuum einer die Sprache verwendenden Umgebung ausgesetzt, wenn nicht gar ausgeliefert ist. Die sprachliche Außenwelt zwingt uns sozusagen, unser Potential für die Sprachverwendung in Gang zu setzen. Wir können garnicht anders, als uns der linguistischen "Unterdrückung" anzupassen, so daß wir dann im Laufe unserer Sprach-Erfahrung bei entsprechender Bildung "einsehen", daß es wohl a priorische Denkkategorien im Kantischen Sinne gebe. Die Sprache läßt im Prinzip nichts anderes zu, was uns eigentlich zu ihren Sklaven macht.

Der Streit zwischen Rationalisten, die von angeborenen Ideen ausgehen, und Empiristen, die jegliche Erkenntnis als erfahrungsbasiert sehen, bildet demgemäß einen linguistischen Disput ab, der sich automatisch in Wohlgefallen auflöst, wenn wir - wie oben – die Sprache selbst in ihren organischen Fundamenten betrachten: Die Sprache benötigt als ihren Möglichkeitsraum im Individuum eine prästabilierte Struktur, die dann durch das, was wir gemeinhin "Erfahrung" nennen, aktiviert und ausgebildet wird.

Wohl eher unbewußt verweist Konrad Lorenz an der eben zitierten Stelle genau darauf, wenn er den Ausdruck "funktionelle Struktur" verwendet: Sprache wird durch Erfahrung "in Funktion" gesetzt – ihre Vor-Struktur wird aktiviert. Lorenz fängt aber bedauerlicherweise nicht bei der Sprache an, sondern er fügt sich dem Postulat Kants:

"Wir sind mit Kant und gegen Hume durchaus der Ansicht, daß 'reine', d.h. von jeder Erfahrung unabhängige Wissenschaft von den angeborenen Denkformen des Menschen möglich sei." (100)

Nun wird der Ausdruck "angeborene Denkform" zum Problembegriff. Aber auch wenn wir von einer "Denkform" sprechen, müssen wir von Sprache als deren Grundlage ausgehen – ohne Sprache ist das, was Lorenz "Denkform" nennt, *nicht* d e n k b a r!

Außerdem begibt er sich in Schwierigkeiten, indem er das metaphysische Vokabular Kants anerkennt, übernimmt und es gewissermaßen akzeptierend erörtert wie etwa hinsichtlich der Wirklichkeit der Außenwelt, da er Folgendes über Kants "reine Vernunft" urteilt:

"Auch diese ist a u s i h r e r T ä t i g k e i t [sic] heraus, aus ihrer Auseinandersetzung mit dem An-sich der Dinge zu ihrer relativen Vollkommenheit gelangt." (101)

Der (metaphysisch disponierte) Erkenntnistheoretiker präsupponiert stets, daß eine allgemeine Übereinkunft darüber herrscht, was denn eigentlich die "Vernunft" sei. Wenigstens Schopenhauer deutete hier eine Kritik an Kant an (wie oben dargestellt), ohne aber eine eigene Lösung anzubieten. Letztendlich bleibt die Vernunft (ob nun "rein" oder nicht) ein metaphysisches Rätsel, welches selbst der B i o l o g e Lorenz nicht im mindesten hinterfragt. Er könnte hier wenigstens skizzieren, darauf hinweisen, daß es sich bei dem, was viele unter "Vernunft" verstehen, um bestimmte Funktionsweisen des menschlichen Gehirns handelt, welche dann letztendlich unter die Sprache beziehungsweise Sprachfähigkeit zu subsumieren wären: Ohne Sprache keine Vernunft; ohne Gehirn keine Sprache!

Desweiteren tut sich Lorenz im obigen Kurzzitat ebenfalls keinen guten Dienst, wenn er die Wortkombination "relative Vollkommenheit" verwendet: Zum einen repräsentiert der Begriff "Vollkommenheit" ein in semantischer Hinsicht metaphysisches V a k u u m – der Begriff der Vollkommenheit ist selbst nicht vollkommen, da er von einer unvollkommenen Entität "ins Leben gerufen" wurde -, er widerspricht sich selbst; und als noch um einiges widersprüchlicher mag es dann zum andern interpretiert werden, die (unvollkommene) Vollkommenheit nochmals zu "relativieren" – relative Vollkommenheit ist (selbstverständlich auch) Unvollkommenheit! Wir dürfen allenfalls mutmaßen, was Lorenz letztendlich damit meint und kommen zum Ergebnis, daß er sich eventuell auf Wissen (und nicht auf "Vernunft") bezieht: Das Wissen ist wohl in der Moderne zu "relativer Vollkommenheit" (~ auf einen mehr oder weniger zufriedenstellenden Stand) gelangt oder ist zumindest auf einem guten Weg dorthin, da wir einen steten Fortschritt im Gebiet der Naturwissenschaften feststellen können. Dazu gehören unsere Beobachtungsmittel, die uns dabei helfen, dem Ding-an-sich "näher" zu kommen, was Lorenz trotz seines Bekenntnisses zum Realismus betont:

"Wenn wir auch als Naturwissenschaftler stets in gewissem Sinne naive Realisten sind und bleiben, halten wir also keineswegs die Erscheinung für das Ding an sich, die empirische Realität für das Absolut Existente!" (102)

Diese Aussage mag Lorenz' Verhaftetsein in der Metaphysik abermals unterstreichen, er möchte sie unter keinen Umständen verwerfen, selbst wenn das irrational wirkt:

"So wundern wir uns denn auch keineswegs, wenn die Gesetze der 'reinen Vernunft' nicht nur untereinander, sondern auch mit den empirischen Tatsachen in die schwersten Widersprüche verwickeln, sowie die Forschung größere Genauigkeit fordert. Dies tritt insbesondere dort ein, wo Physik und Chemie ins Atomare gehen." (102)

Allein der Verweis auf so etwas wie das "Absolut Existente" – man beachte hierbei die Majuskel des Wortes "absolut" – zeigt uns, wie stark Lorenz dem spirituellen Hintergrund verpflichtet bleibt.

Zum Zweiten erwähnt er "Gesetze der reinen Vernunft", einen Ausdruck, der sofort die Frage aufwirft, wie denn einer solchen undefinierten metaphysischen Entität wie der "reinen Vernunft" knallharte Gesetze inhärieren können. "Vernunft" beziehungsweise "vernünftig" sind vage definierte Begriffe, die in uns zwar ein Bild erzeugen mögen, "Ideen" – wenn man so will -, aber dann allerhöchstens Gesetze spekulativer Natur, tendentielle Richtlinien, welche mehr der Intuition entspringen als faktischer Beobachtung. Wir sind nicht in der Lage, die (mystische!) Vernunft zu fassen, weshalb ihr Begriff lediglich als ein sprachliches Hilfsmittel verharrt, das unser menschliches Verhalten bedingt erklärbar macht.

Nicht umsonst sieht es auch Lorenz im obigen Zitat so, daß uns diese vage Vernunft zu Widersprüchen mit der Naturwissenschaft führt.

Lorenz legt das Augenmerk insbesondere auf den mikrokosmischen Bereich der Physik und Chemie, wo Kants Postulat von der Unerkennbarkeit des Dinges-an-sich vermeintlich erneute Signifikanz erhält: Unsere modernen Beobachtungsmittel, die teils "atomare Partikel" verwenden, um Materieteilchen "sichtbar" zu machen, beeinflussen durch eine derartige Beobachtungsmethode das Verhalten eben dieses Materieteilchens, so daß es anders erscheinen muß, als es "tatsächlich" ist. Das Verhalten des beobachteten Dinges-an-sich ändert sich genau durch dieses Beobachtetwerden; der Zustand des Dinges-an-sich hängt also davon ab, ob es beobachtet wird oder nicht. Insofern würde es uns niemals gelingen, das Ding-an-sich in seinem tatsächlichen (unbeobachteten) Zustand zu erkennen.

Lorenz beläßt es nicht bei seinem obigen Hinweis auf Physik und Chemie bezüglich der Realität der Außenwelt, er verstärkt deren Antagonie zu Kants Kategorien:

> "Da versagt nicht nur die Anschauungsform des Raumes, sondern auch die Kategorien der Kausalität, der Substantialität, ja in gewissem Sinne sogar die Quantität, die doch sonst neben der Anschauungsform der Zeit die unbedingteste Gültigkeit zu haben scheint." (103)

Lorenz deutet hier wohl den Unterschied zwischen Mesokosmos (den für den Menschen unter normalen Umständen wahrnehmbaren Bereich seiner Umgebung) und "physikalisch-chemischem" Kosmos an. Dieser Mesokosmos wirkt so, als ob er mit größtenteils metaphysischen Begriffen für den Menschen erschließ- oder erklärbar wäre. Sobald wir aber den Mesokosmos verlassen, "greifen" diese metaphysischen Entitäten der (singulären) Zeit, des (singulären) Raumes, der Kausalität einfach nicht mehr. Wir sind gezwungen, unsere Sprache zu ändern beziehungsweise unser Begriffsvermögen einer Welt anzupassen, die auf unser gewöhnliches Kategorisierungsmuster nicht (mehr) zutrifft. Lorenz führt das interessanterweise auf die ureigene "Physik" (oder eher "Physis") des Menschen zurück, wenn er behauptet,

> "[…] daß alle Gesetze der 'reinen Vernunft' auf höchst körperlichen, wenn man so will, geradezu auf m a s c h i n e l l e n [sic] Strukturen des menschlichen Zentralnervensystems beruhen." (103)

Damit programmiert Lorenz den Widerspruch vor: In seiner Anpassung an die Umwelt hat sich das Zentrale Nervensystem des Menschen entwickelt, das ihn dann aber mit diesem "angepaßten" (mesokosmischen) Wahrnehmungsapparat nicht gestattet, das Ding-an-sich so zu perzipieren, wie es "wirklich" ist; das Dilemma wächst weiter, wenn die menschliche Perzeptionsgerätschaft angeblich verbessert wird mit artefakten Beobachtungshilfen, zumal solche das Verhalten des Dinges-an-sich "verändern" im Rahmen des Beobachtungsprozesses – der Mensch kann aus diesem Grunde n i c h t gewinnen. Im Prinzip lebt er damit eine Existenz der sowohl metaphysischen als auch rein physischen Illusion: Die metaphysische Begrifflichkeit seiner Sprache sorgt hier für das Fundament, und sodann wird das Ganze durch physikalische Nicht-Erkenntnis bestärkt! Dem nihilistischen Solipsismus sind auf diese Weise wieder Tür und Tor geöffnet worden, zumal die Kantischen Kategorien ihre "unbedingteste Gültigkeit" durch die (sub-) atomare Physik und Chemie verlieren und hernach das Ding-an-sich dennoch unerkennbar bleibt. Hervorzuheben bei Lorenz' Ausdrucksweise ist dabei im vorletzten Zitat eben der Superlativ des Eigenschaftswortes "unbedingt", da es im logischen Sinn überhaupt keine Steigerungsform jenes Adjektivs gibt – gleich wie im Fall von "absolut" oder etwa "vollkommen". Wo soll denn ansonsten der Unterschied zwischen "unbedingter" und "unbedingtester Gültigkeit" liegen?

Man bemerkt, wie Konrad Lorenz zu kämpfen hat, angesichts derlei Widersprüchlichkeiten konsistent und kohärent zu bleiben, so daß seine "Lösung" der "Arbeitshypothese" als geschickter, kompromißträchtiger Schachzug angesehen werden kann:

> "Gleichzeitig aber ergibt sich aus ihrem Anpassungscharakter, daß sich die kategorialen Anschauungsformen und Kategorien t r o t z i h r e r n u r u n g e f ä h r e n u n d r e l a t i v e n G ü l t i g k e i t s i c h [sic (Wortwiederholung)] a l s A r b e i t s h y p o t h e s e n i n d e r A u s - e i n a n d e r s e t z u n g u n s e r e r A r t m i t d e r a b s o l u t e n R e a l i t ä t i h r e s L e - b e n s r a u m e s b e w ä h r t h a b e n [sic]." (103)

Letztlich urteilt Lorenz hier über die Sprache und mitnichten über die Kantischen Kategorien – die er im Übrigen etwas weiter oben als "plumpe kategoriale Schachteln" (103) provokativ abqualifiziert: Die Sprache vermag es nicht, adäquat die außermenschliche Wirklichkeit zu beschreiben, sie kann sich dieser Realität allenfalls in einem Maße annähern, damit der Mensch größtmöglichen Nutzen daraus zieht. Die linguistisch basierte Auseinandersetzung mit der Umgebung befähigt den Menschen, diese Umgebung zu seinen Gunsten zu beeinflussen, ob er diese Umgebung nun als diejenige wahrnimmt, wie sie "wirklich" ist oder nicht.

In seiner metaphysischen Illusion kann das Ich dementsprechend sehr "bequem" existieren und müßte sich deshalb eigentlich keinerlei Gedanken darüber machen, ob diese für ihn komfortable Welt tatsächlich so ist, wie er sie perzipiert. Es kann uns also auch egal sein, wenn unsere Sprache beziehungsweise Begriffsbildung unzulänglich zu sein scheint. Jedoch muß man sich in der Folge fragen, ob sich unsere Bequemlichkeiten dann nicht auch verbessern lassen, wenn man uns in die Lage versetzte, unsere Sprache zu "perfektionieren", sie von ihrem metaphysischen Ballast zu befreien. Provokativ formuliert: Was ist besser – keine Sprache oder eine von metaphysischer Begrifflichkeit entbürdete Sprache?

Auch Lorenz könnte dem beipflichten, selbst wenn er die Sprache nicht explizit erwähnt, sondern "nur" das Denken:

"Nichts [sic] ist absolut, außer dem in und hinter den Erscheinungen Steckenden selbst, nichts, was unser Hirn denken kann, hat absolute, im eigentlichen Wortsinne apriorische Geltung. Auch nicht die Mathematik mit allen ihren Gesetzen. Auch diese sind nicht mehr und nicht weniger als ein Organ zur Quantifizierung von Außendingen […]." (104)

So sollten wir in diesem Zitat zunächst das Nomen "Denken" durch "Sprache" ersetzen: Nichts, was die Sprache beschreiben oder erklären kann, ist demnach "absolut"!

Und selbst bei einer solchen Umformulierung steht uns die Sprache schon wieder im Weg, indem wir den metaphysisch behafteten Ausdruck des Absoluten verwenden. Was ist das Absolute? Kommt es dem Vollkommenen, der Perfektion gleich? Wie wir oben des öfteren bereits festgestellt haben, sind diese Begriffe aus der unvollkommenen Sprache entstanden, sie sind im Prinzip sinn-leer. Ihre Bedeutung bezieht sich auf eine sehr vage "Idee", auf ein äußerst verschwommenes inneres Bild, das wir uns von ihnen machen. Unsere Vorstellung vom Absoluten, Vollkommenen ist absolut unabsolut.

Und somit mag Lorenz vielleicht sogar recht haben, wenn das Absolute "hinter" den Erscheinungen steht, nicht wahrnehmbar für den Menschen. Aber warum sollten uns dann die Erscheinungen so erscheinen, wie sie erscheinen? Wir drehen uns im Kreis, und dies einzig aufgrund unserer un-absoluten Sprache. Lorenz erweitert das Un-Absolute sogar auf die Mathematik und reduziert diese auf bloße "Quantifizierung der Außendinge", womit er sicherlich den Hauptaspekt der Disziplin charakterisiert, aber bei weitem nicht alles. Von einem materialistischen Standpunkt aus betont er damit etwas ganz Entscheidendes: Sehen wir die Materie als das einzige A Priori, dem wir uns von Geburt an ohne jegliche Erfahrung ergeben, so ist eben eine solche Quantifizierung des Materiellen essentiell für eine bequeme Lebensführung. Instinktiv (also eigentlich a priori) greift der Säugling nach materiellen Dingen, und umso wichtiger erscheint es in seinem weiteren Dasein, daß er diese Dinge zählt. Wenn er dann aber zu zählen beginnt, kann er allerdings nicht mehr anders. Dem einfachen Zählen inhäriert eine zwanghafte Unumstößlichkeit. Die simplen mathematischen Operationen des Addierens und Subtrahierens sind nur so denkbar, wie sie tatsächlich vorgenommen werden. Sie sind Gesetz!

Sehen wir sowohl Sprache als auch Mathematik wie eine Art Zwang, dem wir ausgeliefert sind, so müssen wir eindeutig zugestehen, daß der mathematische Zwang auf uns ausgeübt wird, ohne daß wir uns davor "schützen" könnten; mit der Sprache sind wir in der komfortablen Position, sie kritisch beleuchten zu können, sie zu beeinflussen. Eine derartige Macht besitzen wir im Hinblick auf die Mathematik nicht: sie ist (mit ihren Gesetzen) so, wie sie ist – und aufgrunddessen im Lorenzschen Sinne eigentlich a b s o l u t. Vielleicht bietet uns die Mathematik deshalb die klarste Vorstellung dessen, was unter Absolutheit zu verstehen wäre, wenn wir danach strebten, diesen metaphysischen Begriff präziser zu definieren.

Hartnäckig opponiert Lorenz gegen eine solche Sichtweise, indem er "die r e i n e [sic] mathematische Gleichung" als "Tautologie" (104) klassifiziert. Damit scheint er offenbar einen wunden Punkt getroffen zu haben; allerdings präsupponiert der Begriff der Gleichung eine Re-Definition, also eine Tautologie; im Begriff der Gleichung steckt derjenige der Tautologie. Und es geht hier ja auch gar nicht um (die / eine) mathematische Gleichung, sondern um Quantifikation auf abstrakter Ebene sowie um n i c h t bezweifelbare Beweise. Der mathematische Beweis bleibt u n u m s t ö ß l i c h. Lorenz insistiert jedoch auf seine Einschätzung der "Zahlenmathematik", die er als "eine stammesgeschichtlich erworbene 'angeborene Arbeitshypothese', die grundsätzlich nur annäherungsweise auf die Gegebenheiten des An Sich Seienden paßt" (106) sieht.

Wenn wir wiederum mit der Stammesgeschichte argumentieren, könnten wir einwenden, daß die Zahlenmathematik ebenfalls lediglich einen Aspekt der Sprache bildet: Ohne

Sprache gäbe es auch die Mathematik nicht; hätten wir uns mit Hilfe der Sprache nicht den Begriff des Quantifizierens gemacht, wäre uns so etwas wie Mathematik gänzlich unbekannt. Und daß etwas nur "annäherungsweise auf die Gegebenheiten des An Sich Seienden" passe, stellt wiederum eine hochspekulative metaphysische Aussage dar. Was bedeutet "annäherungsweise"? Wie nahe kommen wir dem angeblich "An Sich Seienden"? Sobald wir ihm zu nahe kommen, beeinflussen wir sein Verhalten (siehe oben)?

Lorenz' "Arbeitshypothesen" haben sich in praktischer Hinsicht millionenfach bewährt, und sei dies nur, wenn wir den Brückenbau im Ingenieurswesen betrachten. Dort gibt es eigentlich keine unerklärten Fehler: Wenn ich heutzutage eine Brücke überquere, vertraue ich darauf, daß ihre Konstruktion nicht nur "annäherungsweise" auf die Gegebenheiten angepaßt ist, sondern daß alle relevanten mathematisch-materiellen Gesichtspunkte bei ihrem Bau berücksichtigt wurden. Dieses Beispiel sollte ein weiteres Mal demonstrieren, wie bei einem Disput um die "Absolutheit" beziehungsweise die "Annäherung an das An Sich Seiende" beide Seiten "gewinnen" oder "verlieren": Wir sind – so gesehen – zur Un - a b s o l u t h e i t verdammt aufgrund der Unzulänglichkeiten der menschlichen Sprache, einem Postulat, dem Lorenz sich "annähert", indem er Nietzsche zitiert, der behauptet:

"[…] jeder Gedanke erdrückt sich zuletzt mit 'Gesetzen'." (107)

Stur sophistisch interpretiert, könnte man dies folgendermaßen weiterführen: "Gesetz" ist ein Begriff, ein Gedanke (und ein Gedanke ist Sprache); folglich "erdrückt" sich der Gedanke s e l b s t (eben weil er Sprache ist).

D i e S p r a c h e e r d r ü c k t d e n G e d a n - k e n !

Vielleicht faßt das Lorenz' Dilemma am besten zusammen – der Teufelskreis der menschlichen Sprache beziehungsweise Sprachfähigkeit, wobei es doch schwer erscheint, so etwas wie die Mathematik als "unfertig" einzuschätzen. Selbstverständlich gibt es auch hier noch Beweise zu entdecken, aber die mathematischen Operationen stehen f e s t.

Wir mögen Lorenz rechtgeben, wenn er sagt, daß der Mensch n i e "fertig" sei:

"Ganz ebenso aber wirkt auch jedes D e n k - s y s t e m [sic], das sich irgendwie und irgendwo auf ein unplastisches 'Absolutes' festsetzt. Im Augenblick, in dem ein solches System f e r t i g [sic] ist, d.h. an seine Vollkommenheit glaubende Jünger hat, ist es auch schon 'falsch'." (108)

Doch was ist hier mit dem Begriff der Falschheit? Wenn wir sagen, etwas ist "falsch", etwas ist de facto nicht der Fall, treffen wir ein absolutes, somit vollkommenes Urteil. Wir bewegen uns zurück zum Ausgangspunkt des Kreises, der allerdings weder Anfang noch Ende besitzt: Der Mensch ist nie fertig, aber muß das potentielle Fertigsein anerkennen, damit also die Metaphysik, sonst wird er verrückt!

Unter Umständen hilft es nun, von einer Realitätsabstufung innerhalb der (sprachlichen) Metaphysik auszugehen. Das tun wir wahrscheinlich unbewußt und ständig. Aber damit stehen wir wieder vor dem Problem der Realität, der Wirklichkeit außerhalb des Ichs, vor einer metaphysischen Fragestellung, die von der Sprache aufgeworfen wird. Abermals müssen wir kapitulieren, indem wir attestieren: Sprache kann sich nicht selbst erklären, genauso wie eine Menge sich nicht selbst beinhalten kann. Im Prinzip gibt Lorenz das ebenfalls zu, wenn er von den "Unvollkommenheiten unseres Erfahrungs- und Denkapparates" (109) spricht. Indirekt zumindest referiert diese Betonung ihrerseits auf die menschliche Sprache, die Grundlage unseres "Erfahrungs- und Denkapparates". Aufgrund seiner Analyse des "Abso-

luten" beziehungsweise der "Unvollkommenheit" gelangt Lorenz sodann zu dem Schluß:

> "Unsere Arbeitshypothese lautet also: Alles
> ist Arbeitshypothese." (109)

Wollten wir an dieser Stelle eine provokati-
ve Metapher gebrauchen, so könnten wir den
Menschen mit einem Blinden vergleichen, der
sich auf seinem Weg vorwärts zu einem unbekannten Ziel hintastet, eventuell ausgestattet
mit einer weißen Handrute, die es ihm ermöglicht, sich ein klein wenig schneller fortzube-
wegen – der Mensch ist demnach blind, und
die Wissenschaft hilft ihm, seine Blindheit zu
verarbeiten, wenn er sie schon nicht zu über-
winden vermag.

Das Stichwort "tasten" paßt dann auch zu
dem, was Lorenz im Folgenden (durch ein Zitat Satayanas) einräumt:

> "In der Naturphilosophie bin ich entschiede-
> ner Materialist, aber ich behaupte nicht, zu
> wissen, was Materie ist. Ich warte darauf,
> daß mir das die Männer der Wissenschaft sa-
> gen." (110)

Diese kurze Passage mag generelle sprachliche Ratlosigkeit zum Ausdruck bringen: Einerseits behauptet da jemand, etwas zu sein, von
dem er andererseits noch nicht einmal sagen
kann, w a s das eigentlich ist. Eine solche Aussage zu treffen, gestattet uns die Sprache: Wir

wissen, was gemeint ist, aber letztendlich macht die Behauptung semantisch keinen Sinn. Wir haben wohl eine intersubjektiv akzeptierte Vorstellung von Materie, aber letzten Endes wissen wir nicht, was Materie ist. Der Säugling greift nach Materie, ohne einen Begriff davon zu haben. Heißt das nun, Materie mit einem Instinkt gleichzusetzen? Oder nennen wir das dann: Materie ist a priori gegeben? Oder landen wir damit bei der alten Sokratischen Weisheit: Ich weiß, daß ich nichts weiß?

Der Sprachphilosoph wird in einem derartigen Erörterungs-, Analyse- und Argumentationsprozeß zum wahren sophistischen Winkeladvokaten. Seine Welt wird somit von der Sprache beherrscht, die ihm eine phantastische metaphysische Illusion auf mehreren Abstraktionsebenen vorgaukelt, der er einfach nicht zu entfliehen versteht. Lorenz als Biologe ergeht es nicht besser, insbesondere eben mit seiner "Arbeitshypothesen-Arbeitshypothese" nicht zuletzt im Hinblick auf die Wissenschaft. Seiner Meinung nach ist die Wissenschaft also "unfertig", eine permanente Arbeitshypothese oder bildhafter: Sie ist ein "Baugerüst" (110). Damit stellt (nicht nur) Lorenz ein wissenschaftstheoretisches Dogma in den Raum: Wissenschaft kann beziehungsweise darf demnach nicht dogmatisch sein; sie darf beziehungsweise kann niemals von sich behaupten, fertig zu sein. Das semantische Fazit hier sieht folglich so aus: Wir stellen das Dogma auf, daß etwas Bestimmtes *nicht* dogmatisch sein darf. Damit brechen wir die eigentliche dogmatische Regel. Oder bewegen wir uns auf unterschiedlichen (meta-) sprachlichen Ebenen, wenn wir den Sachverhalt auf diese Weise und somit "falsch" analysieren? Das Paradoxon scheint jedenfalls perfekt. Bezogen auf die Wissenschaftstheorie bedeutet das: Sie ist eine metaphysische Disziplin; ansonsten operierte sie nicht mit dem widersprüchlichen Begriff des Dogmas. Die Wissenschaftstheorie – im Stile Lorenz' – bedient sich einer Metasprache, welche die Wissenschaft analysiert; der Autor der vorliegenden Schrift analysiert nun die Wissenschaftstheorie von Lorenz sowie gleichzeitig die Wissenschaft als solche. Damit vermengt er Metasprachen verschiedener Ebenen. Dies ist nur ein Beispiel, wie wir generell Sprache verwenden: Wir vermengen Metasprachen verschiedener Ebenen und stiften so semantische Verwirrung sowie Widersprüchlichkeiten, die wir dann nicht mehr aufzulösen vermögen.

Konrad Lorenz bewegt sich in seinem Artikel demnach ebenfalls auf unterschiedlichen

Stufen der Metasprache, ohne sich dessen bewußt zu sein. Selbstverständlich stellt sich da die Frage, ob wir überhaupt e i n e Sprache f i n d e n, der es gelingt, nicht auf Ebenen von Metasprachen abzugleiten.

In dieser Hinsicht unbekümmert, fährt Lorenz allerdings fort und schreibt der Wissenschaft zu,

"[…] daß ihr Bau grundsätzlich ins Unbegrenzte weiterwachsen soll […]." (110)

Ganz offenbar fühlt er sich in einer metaphysischen Welt sehr wohl, da er den Begriff "Unbegrenztes" erneut in eher metaphorischem Sinne einflechtet. Dennoch hält er an einem unbedingten Realismus fest. Er versucht, vor einem Widerspruch zu flüchten, indem er "das Apriorische" mit einer Schachtel vergleicht,

"[…] deren Form schlecht und recht auf die der abzubildenden Wirklichkeit paßt." (111)

Man kann nicht umhin, hier solipsistische Aspekte hineinzuinterpretieren: Ich bin gefangen in meiner apriorischen, mesokosmischen Schachtel, die mir diktiert, wie ich die Außenwelt um das Ich herum wahrzunehmen habe; die Welt ist so, wie sie für mich und n u r m i c h erscheint. E s s e e s t p e r c i p i. Ich kann im Prinzip keinerlei Aussage darüber machen, wie andere die Welt außerhalb ihres Ichs wahrnehmen. Ich kann allenfalls vermuten, wie der andere seine Umgebung perzipiert. Dazu habe ich wiederum die Sprache, die mir begrenzt erlaubt, Rückschlüsse zu ziehen, nämlich, daß die Welt, wie sie mir erscheint, eine sehr ähnliche sein könnte, wie sie mein Nachbar wahrnimmt.

Damit sind wir allerdings wieder bei der Sprache angelangt, die das A und O unserer Weltperzeption bildet. Ohne Sprache gibt es keine reflektierte / reflektierende Wahrnehmung der Außenwelt, wobei wir wiederum zur Wissenschaft zurückgekehrt wären, die selbstverständlich auch Konrad Lorenz am Herzen liegt, wenn es um die Limitiertheit des menschlichen "Wahrnehmungsapparates" geht:

"Wo immer das physikalische Weltbild des Menschen ins Atomare vorgedrungen ist, ergeben sich Ungenauigkeiten in der Übereinstimmung zwischen dem Apriorisch-'Denknotwendigen' und dem Empirisch-Wirklichen." (113)

Es ist gemäß Lorenz die

"[…] Atomphysik, deren durchaus unanschauliche Vorstellungen nicht mehr unmittelbar erlebt werden können […]." (113)

Umso mehr sollte das Lorenz zu denken geben und eigentlich dazu führen, das Apriorische im Kantischen Sinne gänzlich zu verwerfen. Das Metaphysische und Physische steht hier ganz offensichtlich in einem klaren Gegensatz zueinander. Und selbstverständlich trägt die Sprache abermals entscheidend dazu bei: Das Sub-Atomare mag sich dem Ausdrückbaren beinahe völlig entziehen – wir haben immense Schwierigkeiten, uns die subatomare, aber auch die makrokosmische Welt vorzustellen; die sprachlichen Mittel dazu fehlen uns ganz einfach! Wo unser "Wahrnehmungsapparat" durch technische Hilfsmittel "verbessert" werden kann, um die Vorgänge in unserer Umwelt "exakter" zu beobachten ("näher" am Ding-an-sich sozusagen), ist das im Falle unseres "Sprachapparates" wohl nicht möglich, oder wir sind nicht bereit, eine solche "Verbesserung" des selbigen zu vollziehen. Man stelle sich vor, wie sich unser Leben mit einer Sprache gestaltete, die o h n e metaphysische Begrifflichkeit auskommt.

Lorenz denkt in seinem Artikel überhaupt nicht so weit, sondern unternimmt es eher, eben indem er metaphysische Begrifflichkeit integriert, argumentativ gegen eventuell göttliche Einflußnahme vorzugehen:

"Wenn auch die genannten apriorischen Denk- und Anschauungsformen des Menschen der Kausalanalyse vorläufig noch durchaus unzugänglich bleiben, so verzichten wir doch als Naturforscher grundsätzlich [sic] darauf, die Existenz des Apriori, überhaupt die der reinen Vernunft, von einem außernatürlichen [sic] Prinzip her zu erklären. Wir betrachten vielmehr jeden derartigen Erklärungsversuch als eine völlig willkürliche, völlig dogmatische Grenzziehung zwischen dem Noch-Rationalisierbaren und dem Nicht-mehr-Rationalisierbaren, die als Forschungs-hemmnis in ganz gleicher Weise schweren Schaden gestiftet hat wie ähnliche Forschungs-verbote vitalistischer Denker." (115)

Nun enthält dieses Zitat abermals zahlreiche verschiedene Aspekte beziehungsweise Antagonismen, die auf diversen Ebenen zu diskutieren sind. Bleiben wir zunächst bei dem, was Lorenz das "Außernatürliche" nennt: Er erachtet es als unvereinbar mit den Prinzipien der Naturwissenschaft, eine göttliche Einflußnahme als Erklärung auf jeglicher Stufe heranzuziehen. Das wirkt äußerst verständlich, zumal es ja sehr viel Zeit, Mühen und Qualen in Anspruch nahm, die Natur zu entmythologisieren. Lorenz deutet das etwa im Zusammenhang mit "Forschungsverboten" an. Nun muß man aber kritisieren, daß die Entmythologisierung der Natur (innerhalb der Wissenschaftsgeschichte) einherging mit eben einer Entmetaphysierung der wissenschaftlichen Sprache. Eine exakte Beschreibung der Natur ist nur mit einer eindeutigen Sprache zu bewerkstelligen. Die Begriffe der *reinen Vernunft* oder des *Apriori* stören bei einer solchen präzisen Beschreibung und Erklärung. Wir können es Lorenz also als Widerspruch in sich vorwerfen, daß er "reine Vernunft" und Exklusion des "Außernatürlichen" quasi in einem Atemzug erwähnt, nicht zuletzt deswegen, weil gerade noch Kant seine "reine Vernunft" als etwas Gottgegebenes angesehen hatte. Lorenz hätte dies erst gar nicht thematisieren dürfen – es zeigt sich an dieser Stelle deutlich, daß die Begrifflichkeit Kants im Prinzip unvereinbar mit moderner Naturwissenschaft ist. Und Lorenz unternimmt dann eben einen vergeblichen Versuch, dies zu bewerkstelligen; sein Nachteil hierbei: er ist Biologe, nicht Physiker. Die Begrifflichkeit der Biologie bedient sich nämlich gerne bei der Psychologie, die beinahe denselben Gehalt an metaphysischer Ausdrucksweise an den Tag legt wie die klassische Erkenntnistheorie.

Ein zusätzlicher Kritikpunkt bezüglich des obigen Zitats ist Lorenz' erneute Verwendung des Dogma-Begriffs. Selbst wenn wir es unternehmen, den Ausdruck im Sinne der Wissenschaftlichkeit zu ersetzen, geraten wir in tiefes Fahrwasser: sollten wir etwa das Dogma einem Axiom entgegensetzen? Das Axiom wird als unumstößlicher Grundsatz (vor allem in der Mathematik) verstanden; doch "verhält" sich ein Axiom nicht ebenfalls "dogmatisch"? Der Spielerei mit Worten wurde abermals Tür und Tor geöffnet – der Sophist reibt sich die Hände.

Nachdem Lorenz also das "Außernatürliche" im Rahmen der / seiner Naturforschung ausgeschlossen hat, wendet er sich konkret der Methode zu, mit welcher die Natur systematisch entdeckt werden soll: Er tituliert diese "Apparatenkunde" (115). Wir müssen uns gewisser Gerätschaften bedienen, damit wir Neues über unsere Umgebung (außerhalb des für uns wahrnehmbaren Mesokosmos) herausfinden können. In diesem Zusammenhang spricht Lorenz von so etwas wie einer "Kontinuität" der Wahrnehmungsgrade. Im selben Maße, wie es uns gelinge, durch spezielle Technologie genauere wissenschaftliche Beobachtungen zu tätigen, so seien wir ebenso in der Lage, Rückschlüsse auf "niederere" Perzeptionsstufen zu ziehen:

"Sehr viele Tiere erfassen die ihnen gegenüberstehende 'räumliche' Strukturierung ihrer Welt nicht so, wie wir es tun. Wir können uns aber deshalb eine ungefähre Vorstellung davon machen, wie 'Räumliches' im Weltbild

eines solchen Wesens aussieht, weil wir neben [sic] unserer Raumerfassung noch die
gleiche Fähigkeit zum Meistern räumlicher
Aufgaben besitzen." (115)

Mit dieser Aussage kommt Lorenz einem
zuvor von ihm selbst kritisierten Anthropomorphismus nahe: Gemäß seinem Postulat
können wir uns "ungefähr" in die Wahrnehmung eines "niedereren" Lebewesens als dem
Menschen "hineinversetzen". Wenn wir das
akzeptieren, müssen wir uns fragen, wie das
überhaupt möglich sein kann. Lorenz würde
sagen: weil wir eine "bessere" Wahrnehmung
haben – diejenige einer "höheren" Stufe. Aber
warum haben wir überhaupt eine solche? Nur
der Besitz der Sprache ermöglicht das (begrenzt?). Ohne Sprache könnten wir den "Raum"
nicht beschreiben beziehungsweise unsere Wahrnehmung davon. Und damit wird auch Lorenz' Behauptung null und nichtig: Weil das
"niederere" Tier keine Sprache besitzt, können wir uns seine (Raum-) Wahrnehmung
überhaupt nicht vorstellen. Wir vermögen allenfalls, das "räumliche" Verhalten des Tieres
zu beschreiben und wie es den "Raum" möglicherweise wahrnähme, wenn es Sprache hätte – also anthropomorph.

Genau so geht Lorenz im darauf Folgenden
vor, indem er Beispielverhalten von Tieren be-

schreibt. Zunächst erwähnt er, wie eine Wasserspitzmaus eine für sie neue Umgebung "kennenlernt" beziehungsweise – um den Ausdruck Lorenz' zu verwenden – wie die Maus die Befindlichkeiten einer solchen bislang u n g e w o h n t e n Umgebung "auswendiglernt" (116). Die Wahl des Wortes "Auswendiglernen" mag betonen, wie sprachverhaftet sich die ganze Angelegenheit verhält: Durch ihre Sinneswahrnehmung "liest" die Wasserspitzmaus s y s t e - m a t i s c h ihre neue Umwelt, tut dies immer wieder und lernt dadurch den T e x t , die Textur dieser Umgebung "auswendig". Diese Beschreibung ist durch und durch menschenbezogen – wir sehen die Wasserspitzmaus in einer solchen Beobachtungshaltung wie einen (behinderten?) Menschen, können uns k e i n anderes Bild von ihrer Wahrnehmung machen als ein menschliches beziehungsweise sprachabhängiges.

Allerdings treffen wir bei obiger Analyse auf das äußerst wichtige Stichwort "Textur". Wenn wir das umformulieren, gelangen wir zu "Gegenständlichkeit". In ihrer umweltlichen Erkundung setzt die Wasserspitzmaus eines instinktiv voraus – die Gegenständlichkeit, das Materielle der Außenwelt (außerhalb ihres eigenen Körpers). Die Materie ist für die Wasserspitzmaus a p r i o r i vorhanden, ohne daß wir ihr (unbewußt) Sprache aufoktruieren. Materie wäre somit s p r a c h u n a b h ä n g i g *a priori*.

Im Prinzip verhält sich das auch nicht anders hinsichtlich des zweiten und umfangreicher von Lorenz geschilderten Beispiels. Dort geht es um eine heranwachsende Wildgans, die innerhalb eines Hauses "den kürzesten Weg" zwischen zwei Orten "findet" beziehungsweise finden soll, zu Beginn der Dressur allerdings durch ein Fenster quasi abgelenkt wird und deshalb sehr lange einen angeblich durch "Gewohnheit" bedingten, kurzen Umweg einschlägt. Lorenz gebraucht bei seiner Schilderung den problematischen Ausdruck "Einsicht": Die Gans zeige am Ende "Einsicht", wenn sie die kürzere Strecke gehe:

> "Wohl aber ist eine Gans an und für sich zum einsichtigen Finden einer so einfachen Lösung grundsätzlich befähigt, nur siegt die Gewohnheit eben über die Einsicht oder verhindert sie." (116, Fußnote)

Einsicht kann eigentlich nur ein Mensch haben, weil er sich den Begriff davon macht. So muß es auch sein, wenn es um "Raum" geht. Der Begriff des Raumes basiert auf der Sprache, derjenige der Materie nicht. Eine plausiblere Spekulation als die von Lorenz im Zusammenhang mit dem "räumlichen Erfassungsvermögen" bei Tieren wäre demzufolge, daß es sich um "materielle" Erfassung handelt. Die heranwachsende Wildgans hat keine "Vorstellung", keinen Begriff von Raum im menschlichen Sprachsinn, aber sie besitzt intuitiv eine verhaltenssteuernde Wahrnehmung des Materiellen, welches gemäß der menschlichen, sprachlich-reflektierenden Perzeption den "Raum" ausfüllt. Und genau so formuliert Lorenz es dann, wenn er Mensch und Wasserspitzmaus vergleicht im Hinblick auf das Finden der kürzesten Strecke zwischen zwei Punkten:

"Allerdings gelingt uns Menschen unter solchen Umständen früher oder später der räumliche Überblick, der uns die Möglichkeit geradliniger Abkürzung erschließt." (117)

Exakt das, was Lorenz hier als "räumlichen Überblick" bezeichnet, kann mit nichts anderem als Versprachlichung gleichgesetzt werden: Die Sprache läßt für den Menschen eine Interpretation zu. In diesem Sinne fährt Lorenz fort, das Verhalten der Wildgans bezüglich ihres "räumlichen Erfassungsvermögens" in anthropomorpher Weise zusammenzufassen:

"Die Wildgans könnte [sic], wie wir gesehen haben, ein Gleiches leisten [eben den kürzesten Weg wählen; RAH], tut es aber aus gleichsam religiösen Gründen nicht; sie wird daran durch jene eigenartige innere Hemmung verhindert, die auch primitive Menschen so sehr ans Gewohnte bindet." (117)

Das Signifikante an diesem Zitat dürfte nun darin liegen, daß Lorenz religiöse Ritualisierung beziehungsweise Gewohnheit mit Primitivität in Beziehung setzt: Das religiöse Ritual soll (wohlgemerkt etwa beim "primitiven Menschen") einen positiven Einfluß auf zukünftige Ereignisse ausüben. Je mehr der (dann weniger primitive) Mensch das Gefühl hat (nicht zuletzt durch Wissenschaft) selbst Einfluß nehmen zu können auf zukünftige Ereignisse, desto weniger gibt er sich dem religiösen Ritual (Gebet) hin.

Eine derartige Aussage sollte aber ausgedehnt werden auf die Sprache: Je reflektierter der Mensch mit seiner Sprache umgeht, desto näher kommt er dem "Ding-an-sich" – er müßte gezwungen werden, mit seinen sprachlichen G e w o h n h e i t e n metaphysischen Ursprungs zu brechen, damit er sich weiter entwickelt, damit er den "kürzesten Weg" zur (physischen) W a h r h e i t findet.

Bei alledem sehen wir allerdings wieder, wie wir uns selbst ein Bein stellen – die Widersprüchlichkeit siegt erneut: Sprache vermag nicht mit Sprache erklärt zu werden.

Dennoch spekuliert auch Lorenz indirekt über den eben gemachten Punkt bezüglich der menschlichen Entwicklungsmöglichkeit:

"Wie viele [...] einfache neue Lösungsmöglichkeiten mögen wohl wir Menschen im Kampf mit unseren täglichen Problemen in [...] Blindheit übersehen?" (118)

Die Blindheit, von der Lorenz hier spricht, wäre die Limitiertheit unserer Sprache. Wenn es uns gelänge, sprachliche Grenzen zu durchbrechen, könnten wir auch unsere potentielle Blindheit in gewissem Umfange lindern. Tatsächlich das Licht zu sehen, ist bei unserem momentanen Stand jedoch geradezu undenkbar. Die menschliche Sprache ist dazu geeignet, den menschlichen Mesokosmos zu beschreiben und (begrenzt) zu erklären. Was über diesen Mesokosmos hinausgeht, vermag die Sprache kaum mehr zu erfassen. Die Grenzen der Sprache sind somit die Grenzen der menschlichen Welt.

Konrad Lorenz wehrt sich in gewisser Weise unbewußt gegen einen solchen Grundsatz, wenn er mit der Diskussion des Unterschieds zwischen "bedingtem Reflex" und "kausalem Denken" fortfährt (119). Die Frage für ihn dabei ist, wie der Mensch im Vergleich zum (sprachlosen) Tier zwei aufeinanderfolgende Ereignisse miteinander in Beziehung setzt. Die entscheidende Differenz liege dabei in der Problematik, ob es sich um ein Post Hoc (B folgt auf A rein zeitlich) oder um ein Propter Hoc (B folgt auf A wegen A; B passiert nur deshalb, weil A geschehen ist) handele, die als dasselbe angesehen würden:

"Der Grund, daß von den verschiedensten Denkern dennoch post hoc [sic] mit propter hoc [sic] gleichgesetzt und verwechselt wurde, liegt darin, daß die Disposition zum Assoziieren und das kausale Denken biologisch tatsächlich Gleiches leisten [sic], sozusagen Organe zur Auseinandersetzung mit derselben realen Gegebenheit sind." (119)

Wenn wir dieses Zitat wiederum radikal auslegen, bedeutet das, daß erneut die Sprache den Unterschied macht. Das Wegen ist die distinguiertere Interpretation (sprachlicher Natur) einer Abfolge von zwei Ereignissen. Lorenz würde dem widersprechen, zumal er das Kriterium der "Kraftverwandlung" dafür verantwortlich sieht, um ein Propter Hoc zu rechtfertigen: Es muß ein feststellbarer Energietransfer zwischen Ereignis A und Ereignis B bestehen, damit wir die beiden kausal miteinander in Beziehung setzen können.

Im Prinzip spielt das jedoch keine Rolle: Das Tier kann über solche Dinge nicht reflektieren;

der Mensch "testet" das Tier, um seine Reaktion zu beobachten – im Prinzip kreiert er für das Tier eine Propter-Hoc-Situation, weshalb Lorenz' Unterscheidung letztendlich nicht greift. Man könnte genauso argumentieren: Eine divine Macht kreiert für den Menschen Situationen, die dieser dann als propter hoc aufgrund eines angeblichen Energietransfers interpretieren soll. Damit wären wir erneut beim metaphysischen Schöpfergedanken, der seinerseits wieder ein sprachliches Erzeugnis darstellt. Unser Fazit muß demnach sein: Kausalität (das Prinzip von Ursache und Wirkung) ist lediglich ein rein sprachliches Phänomen und wird aus diesem Grund zum Problem, das Lorenz überhaupt nicht erkennt, zumal er als Biologe meint, folgende Behauptung aufstellen zu dürfen:

> "Die heutige Menschheit lebt [sic] von dieser Funktion der angeborenen Kategorie der Kausalität!" (121)

Generell mag man es als fahrlässig erachten, den Kausalitätsbegriff als "angeboren" zu bezeichnen: Wir müssen zunächst Erfahrung mit Ereignissen sammeln, um Letztere untereinander in Beziehung setzen zu können. Ein solches "Miteinander-in-Beziehung-Setzen" erfolgt via Sprache. Wenn also etwas angeboren ist, dann wäre das die Sprache / Sprachfähigkeit, ein Punkt, den Lorenz völlig ignoriert, wenn er sagt:

> "Auch pragmatisch betrachtet, ist unsere An-
> schauung also in höherem Grade wahr als
> das, was im Weltbild des Tieres zum Aus-
> druck kommt." (121)

Wieder verwendet Lorenz den Begriff der Wahrheit in widersprüchlichem Sinn: Es gibt per definitionem keine Wahrheits-Grade; entweder ist etwas wahr oder nicht. Im vorliegenden Kontext präsupponiert Lorenz zudem, daß das Tier einen Begriff von Wahrheit hat. Dazu müßte es jedoch auch Sprache besitzen. Was Lorenz zum Ausdruck bringen wollte, war vermutlich, daß das menschliche Weltbild präziser an der Realität / am "Ding-an-sich" ist, als das des Tieres. Doch auch hier verallgemeinern wir zu stark; es handelt sich um reine Spekulation, die zwar plausibel erscheint, aber dennoch eine Vermutung bleibt.

Die Sprache hilft dem Menschen, seine Umwelt zu beeinflussen, sie zu gestalten - eine Fähigkeit, die kein anderes Tier besitzt. Und genau durch diese Sprache vollzieht Lorenz etwas, das er eigentlich kritisiert: Er "vermenschlicht" die tierische Wahrnehmungswelt; er bezeichnet sie als eine niederstufige und unternimmt es, sich in sie hineinzuversetzen, was schlichtweg zum Scheitern verurteilt ist. Wir vermögen ja nicht einmal, uns in den Verstandesapparat unseres nächsten Mitmenschen "hineinzuversetzen": alles, was wir in dieser Beziehung erreichen können, entspricht einer Annäherung, die wir der Sprache / Kommunikation verdanken. Wir entdecken im Laufe der Kommunikation Gemeinsamkeiten in der Wahrnehmung (zumindest mehrheitlich), aber auch Differenzen. So kam es zur Wissenschaft. Der Bezug zur animalischen "Weltanschauung" ermangelt uns vollständig, es sei denn, wir wenden anthropomorphe Kniffe an, die mit der Sprache zu tun haben. Lorenz' "Projekt" der Ent-Anthropomorphisierung (122) stellt sich demzufolge als anthropomorphes Vorhaben heraus. Wenn wir uns ein "niedereres" Weltbild vorstellen, dann tun wir das aus unserer ureigenen menschlichen Perspektive heraus, da die Abwesenheit von Sprache nur sehr schwer für uns vorstellbar zu sein scheint. Allein auf diese Weise kann man sodann Lorenz' folgende Aussage erklären:

"Das Absehen von speziell menschlichen Strukturen, wie es im höchsten Maße in allen mathematischen Betrachtungen der theoretischen Naturwissenschaften getrieben wird, darf keineswegs zu der Anschauung verleiten, als ob den weniger [sic] anthropomorphen Vorstellungen ein höherer [sic] Grad der Wirk-

254

lichkeit, d.i. der Annäherung ans An-Sich der Dinge zukomme als den naiv anschaulichen. Die primitivere Wiedergabe steht nämlich zum absolut Existenten in einer durchaus ebenso realen Beziehung wie die höhere." (122/23)

Man fragt sich, welches Bild Lorenz von dem hat, was er als "naiv anschaulich" oder als "primitive Wiedergabe" bezeichnet. Indem er eine solche Wertung erwähnt, bedient er sich anthropomorpher Mittel, nämlich metaphysischen Sprachgebrauchs. Am Ende macht Lorenz genau das, was er im Folgenden kritisch darstellt:

"Gerade das Apriorische und die vorgeformten Denkweisen sind als solche durchaus nicht spezifisch menschlich [sic]: spezifisch menschlich ist dagegen der bewußte Drang, sich nicht festzufahren, nicht zum Schienenfahrzeug zu werden, sondern die jugendliche Weltoffenheit als Dauerzustand zu bewahren und in dauernder Wechselwirkung mit dem wirklich Existenten diesem Wirklichen näherzukommen." (123/24)

Lorenz möchte kein "Schienenfahrzeug" in der Erkundung des "Dinges-an-sich" sein, doch er ist im Prinzip durch die Sprache dazu verdammt, wenn man dies so harsch ausdrücken will: Die Grenzen der Sprache bestimmen auch die Grenzen unseres Wahrnehmungsvermögens. Die Sprache wird somit zur Schiene, auf der wir uns bewegen, um die Welt zu erforschen. Eine "Entgleisung" ist nicht möglich.

Zu Beginn des Zitats rekapituliert Lorenz das "Apriorische" sowie "vorgeformte Denkweisen", die er nicht nur den Menschen zuschreibt. Wohl meint er damit eher so etwas wie Instinkte. Das einzig Apriorische beziehungsweise die einzige vorgeformte "Denkweise", die menschenspezifisch scheint, wäre die Sprache / Sprachfähigkeit. "Denk"-Weise trifft wiederum den Punkt nicht, denn wenn wir denken, verwenden wir bereits Sprache. Wir verwickeln uns also abermals in einen sophistischen Zirkel, für den die Metaphysik verantwortlich zeichnet. Auch der Biologe Konrad Lorenz vermag sich ihr nicht zu entziehen, selbst wenn er noch so "weltoffen" und "antianthropomorphistisch" zu sein vorgibt.

Erwin Schrödinger:
"Mind and Matter" (1956)

Hinsichtlich der naturwissenschaftlichen Disziplinen der hier diskutierten Autoren vollziehen wir jetzt einen Schritt von der Biologie zur Physik. Der zeitliche Abstand zwischen den besprochenen Werken verkürzt sich: Gerade anderthalb Jahrzehnte liegen zwischen Lorenz' Artikel und Erwin Schrödingers Vortragsreihe *Mind and Matter*. Man sollte einleitend vielleicht ebenfalls erwähnen, daß bahnbrechende Fortschritte in Bezug auf die Erforschung der menschlichen Sprache erst im Jahr 1957 mit der Veröffentlichung von Noam Chomskys *Syntactic Structures* erfolgten – weder Lorenz noch Schrödinger dürfen wir also vorwerfen, den Aspekt Sprache "ignoriert" zu haben. Man könnte lediglich behaupten, daß durch einen Mangel an Aufsehen diesbezüglich es überhaupt nicht in Betracht kam, sich Gedanken in eine solche Richtung zu machen; um es mit Lorenz' Bild zu formulieren: man verhielt sich in philosophischen Kreisen wie Schienenfahrzeuge, zumal man auf althergebrachtes Vokabular zurückgriff. Und so verhält es sich denn wohl auch mit Schrödingers Vorträgen, in deren Titel wir das Wort "mind" finden. Wir sollten uns genauso vergegenwärtigen, daß es sich bei

Erwin Schrödinger um einen deutschen Muttersprachler handelt, der seine Vorträge auf Englisch schrieb und veröffentlichte. Zusätzlich zum oben schon mehrfach thematisierten metaphysischen Sprachgebrauch haben wir es also an dieser Stelle obendrein gewissermaßen mit einem Übersetzungsproblem zu tun: Gemeinhin setzt man etwa das englische "mind" mit dem deutschen "Geist" oder "Verstand" gleich. Wir sehen sofort, daß wir eine Schwierigkeit in Bezug auf die Konnotation erhalten: Was "denken" wir, wenn wir gerade die Ausdrücke "Geist" und "Verstand" miteinander in Beziehung setzen sollen? Womöglich assoziieren wir "Geist" stark mit einer spirituell-religiösen Komponente, während wir "Verstand" näher an "Intelligenz" oder Ähnlichem sehen. Der Punkt müßte allerdings auch in dieser einleitenden Kürze deutlich geworden sein: Das konnotative Element stellt uns vor Probleme, es schafft metaphysische Mehrdeutigkeiten. Sinnigerweise heben wir hier ebenfalls hervor, daß die im Englischen sogenannte "Philosophy of Mind" mit "Philosophie des Geistes" übersetzt wird, was eher die "seelische" als die rationale Komponente des Begriffes betont. Wir haben also grundsätzlich das Fazit zu ziehen, daß die Metaphysik ausschließlich mit Konnotation zu tun hat. Es geht dort um abstrakte, assoziative Begriffe, die sich dogmatisch vor einer möglichen Denotation abschotten, was dadurch verdeutlicht wird, daß ein Metaphysiker zu einem strikten Dualismus neigt. Der "Geist" darf demnach keinesfalls mit dem Materiellen in Verbindung gebracht, geschweige denn, gleichgesetzt werden.

Was macht Schrödinger im Gegensatz dazu? Er unternimmt einen Versöhnungsversuch allein schon durch den Vorlesungstitel. "Mind" und "matter", der Verstand und die Materie sollen von Beginn an gleiche Behandlung erfahren. Wohl in diesem Sinne skizziert Schrödinger den Ausgangspunkt, den er als "Problem" überschreibt und folgendermaßen anhebt:

"The world is a construct of our sensations, perceptions, memories." (93)

Analysiert man diesen Satz völlig isoliert, regt er zu einer Interpretation an, die wir bereits bei Lorenz und Schopenhauer angedeutet hatten: Der Solipsismus scheint hier nicht weit entfernt. Der Ausdruck "construct" zeichnet dafür verantwortlich: Man könnte Schrödinger unterstellen, daß er damit andeutet, wie das Ich die Welt "konstruiert" – die Welt ist so, wie sie sich meinen Sinnen, Wahrnehmungen und in meiner Erinnerung darstellt; die Welt existiert nur für mich.

Die andere Implikation von Schrödingers Feststellung wäre, daß die Welt nicht *wirklich* existiert, da sie eben ein Konstrukt ist; sie setzt sich zusammen aus angeblichen Sinneseindrücken, über die ich sprachlich reflektiere, und an die ich mich sodann erinnere.

Mit dem zweiten Satz seiner Einleitung manifestiert Schrödinger den ersten Eindruck:

"It is convenient to regard it [die Welt; RAH] as existing objectively on ist own." (93)

Damit wirft Schrödinger sich selbst und somit der Menschheit im Gesamten vor, es sich pragmatisch leicht zu machen: Wir akzeptieren die objektive Realität der Außenwelt, damit wir uns das Leben einfacher gestalten können. Der Zweifel an der Existenz der Außenwelt (so, wie sie uns erscheint) behinderte jegliches Handeln. Gewissermaßen kommt hier eine absolut konträre Position zum Ausdruck: das, was Schrödinger als "convenient" bezeichnet, könnte man ebenso plausibel mit dem Ausdruck "intuitiv" umschreiben – intuitiv beziehungsweise geradezu "instinktiv" erkennt der "normale" Mensch die objektive (beziehungsweise zumindest intersubjektive) Wirklichkeit seiner (physischen) Umgebung an.

Sind wir in unserer Auslegung einmal so weit fortgeschritten, können wir genauso gut die letzte Stufe erklimmen: das, was für uns inter-subjektiv sowie intuitiv-instinktiv außer uns existiert, ist die Materie. Die Materie, also die materielle Welt, ist somit *a priori* – unabhängig von der Sprache.

Nur darum, weil wir als Menschen Sprache besitzen, sind wir in der Lage, diesem Sachverhalt Inhalt, Bedeutung zu verleihen, uns darüber "bewußt" zu werden.

Das Stichwort "Bewußtsein" führt Schrödinger dann auch zu seiner Grundfrage, die ihn im Rahmen der Vorlesungsreihe beschäftigt:

"What kind of material process is directly associated with consciousness?" (93)

Schrödinger interessiert sich also für die materielle Basis des Bewußtseins. Das Entscheidende dabei bleibt die Präsupposition, daß die Grundlage des Bewußtseins in der Materie liegt. Es wird in keiner Weise eine spiritualistisch-dualistische Sichtweise mit in Betracht gezogen, wenngleich Schrödinger geradezu gezwungen ist, sich eben eines solchen metaphysisch-psychologistischen Vokabulars zu bedienen.

In diesem Licht sind auch die Kommentare Schrödingers gerade zum Bewußtseinsbegriff zu verstehen: Er kann nicht umhin, ihn zu benutzen und weist jegliche "Spekulation" zurück, die versucht zu eruieren, wie weit "hinab" im Tierreich so etwas wie Bewußtsein geht – und dies von beiderlei argumentativen Positionen. Damit zeigt Schrödinger gleich zu Beginn, was wir ebenfalls bei Lorenz feststellten: Er reflektiert überhaupt nicht hinsichtlich der Rolle von Sprache. Wenn wir uns nämlich etwas "bewußt" machen, dann tun wir dies v i a Sprache, so daß man durchaus Bewußtsein mit dem Besitz der Sprache gleichsetzen darf. Wenn sich Schrödinger also auf die Suche nach der materiellen Basis des Bewußtseins begibt, forscht er gleichermaßen nach den physischen Grundlagen der menschlichen Sprache.

Er beginnt mit dem Aspekt der Erfahrung:

"The gradual fading from consciousness is of outstanding importance to the entire structure of our mental life, which is wholly based on the process of acquiring practice by repetition […]. A single experience that is never to repeat itself is biologically irrelevant. Biological value lies only in learning the suitable reaction to a situation that offers itself again and again […]." (96)

Auf den ersten Blick klingen derlei Aussagen sehr behaviouristisch: Wir lernen durch stete Wiederholung; nur die stete Wiederholung ist relevant für unsere Erfahrung. In diesem Sinne "funktionierten" auch angeblich die Pattern-Drills der behaviouristisch geprägten Sprachlehrforschung der 1960er Jahre.

Vielleicht ist es angebracht, hier zu betonen, daß Schrödinger die b i o l o g i s c h e Relevanz von Erfahrung hervorhebt; das bedeutet wiederum, daß es für ihn außer-sprachliche Erfahrung gibt. Die Sprache soll wohl demnach ein Teil unseres "mentalen Lebens" sein und vermutlich n i c h t des biologischen. So begibt sich ein eigentlicher Materialist in Widersprüchlichkeiten. Im Falle des Menschen zählt das "mentale Leben" (die traditionelle Metaphysik) zum b i o l o g i s c h e n .

Wir verstehen, was Schrödinger "meint", aber durch den Zwang, metaphysische Begrifflichkeit verwenden zu müssen, gelangt er automatisch in die sprachliche Sackgasse der Widersprüche / Kontradiktionen.

Rekapitulieren wir ganz im Tenor Schrödingers: Stete Wiederholung sorgt dafür, daß wir Praxis beziehungsweise praktische Erfahrung "erwerben".

Schrödinger benutzt bemerkenswerterweise das Verb "to acquire" (= erwerben) in diesem Kontext und nicht "to learn" (= lernen). Damit impliziert er eine "spielerische" Aneignung, bei welcher das "Bewußtsein" eine untergeordnete

Rolle einzunehmen scheint. Zumindest verhält sich dies so beim menschlichen Spracherwerb. Hier hebt man häufig die "Armut an Stimulation" ("poverty of stimulus") hervor: Der sprachliche Input, dem das spracherwerbende Kind ausgesetzt ist, reicht nicht aus, um die Strukturen, die es letztendlich verwendet, zu erklären. Das Kind kreiert schließlich mehr, als durch bloße "Wiederholung" möglich wäre.

Aber was macht nun den Unterschied zwischen "erfahrungsbasierter" Wiederholung und Kreativität? Der Knackpunkt muß schließlich bei der Sprache selbst gesucht werden. In der Sprache definieren wir auch "Erfahrung" und "Kreativität" und stoßen an bloße Erklärungsgrenzen; kurz gesagt: Sprache kann Sprache nicht erklären. Wir landen erneut beim linguistischen *Unvollständigkeitssatz*!

Das obige Zitat Schrödingers wirft selbstverständlich auch das Apriorätsproblem abermals auf; sofern etwas "spielerisch erworben" wird, muß "etwas" da sein – vor aller Erfahrung -, das dies ermöglicht: eine Struktur, eine Instanz, die uns von einer rein reaktiven "Maschine" unterscheidet. Dabei gelangen wir ebenfalls zur Sprache beziehungsweise ihrer neuronalen Vor-Strukturierung, welche die Basis unserer mentalen, "bewußten" Existenz bildet. Und konsequenterweise liegt wiederum eine solche neuronale Vor-Strukturierung in dem, was wir als Materie verstehen: Ohne Materie gäbe es keine Neuronen; ohne Neuronen gäbe es keine "Bewußtseins"-Struktur beziehungsweise Sprache; ohne Sprache gäbe es keine Begriffe beziehungsweise keine Begriffsbildung.

Kommen wir nochmals zurück zu Schrödingers Verständnis von Bewußtsein und Erfahrung beziehungsweise Routine: Er gibt als Beispiel den Weg, den man täglich zur Arbeit geht (96); so meint er zurecht, daß man diesen beinahe im Schlaf zurücklegen könne, zumal seine Details aufgrund steter Wiederholung in unsere bewußtseinsfreie Routine implementiert wurde. Erscheint plötzlich eine Baustelle unerwarteterweise auf diesem Weg, "erwachen" wir ins Bewußtsein, um einen Umweg zu erarbeiten. Aber was ist nun diese Erarbeitung? Es ist ein Plan sprachlicher Natur: Mit Hilfe der Sprache erstellen wir eine Ausweichstrategie und wenden eine solche dann an. Man kann hier außerdem den Aspekt der Erinnerung einbringen: Sobald wir unseren Arbeitsweg "verinnerlicht" haben, müssen wir auf unserem Gang die Sprache nicht "aktivieren" – kein "Bewußtsein" ist vonnöten. So ist es denn zu erklären, daß wir uns eventuell an irgendwelche Abschnitte auf unserem Weg zur Arbeit an einem bestimmten Morgen überhaupt nicht erinnern können; wir fragen uns manchmal, ob wir an einer spezifischen Stelle vorbeigekommen sind; wir "erinnern" uns nicht daran, weil wir während des Gehens "bewußtlos" waren – wir haben diesen Abschnitt nicht erlebt, weil wir ihn sprachlich nicht voll verarbeitet haben: Unser Sprachprozessor war vorübergehend außer Betrieb.

Ähnliche Erfahrungen machen wir etwa bei exzessivem Alkoholgenuß: Obzwar unsere Sprachproduktion in einem solchen Fall teils noch intakt sein mag, passiert es in betrunkenem Zustand, daß wir uns an Dinge nicht "erinnern" können. Das liegt an unserer mangelnden Fähigkeit, in diesem Zustand Ereignisse v o l l s t ä n d i g auf sprachlicher Ebene zu verarbeiten.

Die gegebenen Beispiele zeigen uns also deutlich den Zusammenhang zwischen Sprache, sogenanntem Bewußtsein, Erinnerung sowie Erfahrung.

Was wir allerdings bei Schrödinger nicht finden, ist der explizit sprachliche Aspekt, welcher genau diesen Zusammenhang auf seinen Schultern trägt. Das tritt in Schrödingers Fazit in Bezug auf das Bewußtsein zutage:

> "One might say, metaphorically, that consciousness is the tutor who supervises the education of the living substance, but leaves

his pupil alone to deal with all those tasks for which he is already sufficiently trained." (97)

Diese Metapher des vom Lehrer (Bewußtsein) alleingelassenen Schülers (Lebewesen) bestärkt den Eindruck, daß etwas fehlt, ein Verbindungsstück, nämlich die Sprache, ohne die das Ganze nicht denkbar wäre.

Man könnte nun einwenden, daß mit "living substance" (Lebewesen) nicht allein der Mensch gemeint sei. Dadurch kehren wir wieder zurück zur Anthropomorphismus-Debatte wie bei Konrad Lorenz, eine Debatte, die dazu verdammt scheint, zirkulär zu verlaufen, wenn wir sie konsequent ausführen: Der Mensch besitzt Sprache; er beschreibt seine Umwelt, und mit der Sprache "versetzt" er sich auch in andere Lebewesen, spricht ihnen fälschlicherweise (anthropomorph) ein Bewußtsein zu. So kommt es einem Hundebesitzer etwa als Skandal vor, wenn wir behaupten, daß sein Fido kein Bewußtsein habe. Das ist eine extrem anthropomorphe Haltung, zumal Fido nichts im Ansatze hat, was einem Bewußtsein gleichkäme. Er zeigt wohl menschliche beziehungsweise kindliche Verhaltensweisen, mit denen wir uns aufgrund unseres eigenen (sprachbasierten) Bewußtseins "identifizieren", weshalb wir Fido folgerichtig zu einem Wesen machen wollen, das einen Begriff seiner selbst besitzt. Instinkthandlungen im Tierreich werden auf diese Weise allzu häufig mit Bewußtsein (= Sprache) verwechselt. Auf einem anderen Blatt steht dann geschrieben, ob es aus lebenspraktischer Sicht "gesünder" ist, dem Tier, wie oben beschrieben, ein Bewußtsein zuzugestehen. Es scheint uns "besser", als im Tier eine bloße organische Maschine zu sehen. Hier kommt klar zum Ausdruck, daß der Mensch ein metaphysisches Wesen ist. Wir begegnen der (metaphysisch fundierten) Sprache an allen Ecken und Enden.

Sogar der Naturwissenschaftler Erwin Schrödinger "entkommt" ihr nicht, selbst wenn er sie nicht explizit thematisiert. Doch seine Diskussion des materiellen Fundaments von Bewußtsein lenkt ihn automatisch dorthin. So bleibt denn die Antwort auf seine Frage demnach ziemlich vage:

"[…] consciousness is associated with the *learning* [sic] of the living substance; its *knowing how (Können)* [sic] is unconscious." (99)

Wenn wir das interpretatorisch umformulieren wollten, könnten wir sagen, daß jede Form (menschlichen) Lernens die Bewußtmachung von wiederkehrenden Abläufen durch das lernende Individuum ist. Was dabei organisch vor sich geht, bleibt dem Lernenden verborgen, es ist ihm nicht "bewußt". Es müssen al-

lerdings neuronale Prozesse dafür verantwortlich zeichnen (96). Die von Schrödinger auf
diese Weise skizzierten physischen Grundlagen des Bewußtseins führen ihn zum Abschluß
des ersten Kapitels beziehungsweise der ersten
Vorlesung zu moralischen Konsequenzen des
Ganzen; er überschreibt den letzten Abschnitt
mit *Ethics*. Darin konfrontiert er uns mit einem
kontroversen Postulat:

> "Our insight into the 'becoming' (*das Werden*)
> [sic] of the organisms makes it easy to under-
> stand that our conscious life – I will not say
> shall be, but that it actually is necessarily a
> continued fight against our primitive ego"
> (99)

Abermals macht es Schrödinger nicht explizit, wenn er die Sprache unter dem provokati-
ven Ausdruck "primitives Ego" verbirgt: Was
ist denn primitiv in diesem Sinne? Er verweist
damit definitiv auf die Sprachlosigkeit und widerspricht sich gewissermaßen selbst, gesetzt
den Fall, man legt seine obigen Ausführungen
zugrunde. Bewußtsein kann nur in Verbindung mit Sprache (und Begriffsbildung) gedacht werden. Das primitive Ego hingegen
handelt rein instinktiv und unbewußt. Nun
kommt allerdings die Frage auf, ob es nicht
"besser" wäre, wenn das primitive Ego in seiner Ursprünglichkeit erhalten bliebe und sich

nicht (mit Hilfe der Sprache) zu "bewußtem" Leben entwickelte, wenn also das "Werden" zu "bewußtem Leben" unterbunden würde.

Als weiterer kontroverser Punkt in eben erwähntem Zitat muß Schrödingers Meinung gesehen werden, daß wir uns in stetem "Kampf" mit unserem primitiven Ego befänden. Einen solchen angeblichen Kampf interpretieren wir lediglich mit unserer metaphysischen Begrifflichkeit in unser Dasein hinein. Wogegen "kämpfen" wir? Warum soll das "primitive Ego" überhaupt ein Feind sein? Sehen wir die Sache vom evolutiven Standpunkt, so ist die menschliche Spezies allen anderen (aufgrund ihrer Sprache) so überlegen geworden, daß sie alle anderen verdrängen könnte und am Ende sich selbst zerstört (etwa durch Überbevölkerung). Das nicht-primitive, sprachbasierte Ego gälte es demnach zu bekämpfen (und mitnichten das primitive, instinktbasierte)!

Einige Andeutungen der Relevanz von Sprache gibt uns Schrödinger etwas weiter unten im Rahmen seiner ethischen Gedanken zum materiellen Fundament von Bewußtsein:

"[…] consciousness and discord with one's own self are inseparably linked up […]." (101)

Im Prinzip präsentiert Schrödinger hier eine Tautologie, die bereits mehrfach thematisiert wurde. Er betont die "enge Verbindung" zwischen Bewußtsein und Widerspruch beziehungsweise "Zwietracht" mit dem Selbst / Ich. Es wurde aber oben nachgewiesen, daß der Sprache als solcher und insbesondere der metaphysischen Begrifflichkeit wie auch Begriffsbildung der Widerspruch inhäriert. "Bewußtsein" muß also als eine Kontradiktion in sich selbst gesehen werden. "Bewußtsein" ist ein (sprachbasierter) metaphysischer Begriff; "Bewußtsein" kann mit "Sprache" gleichgesetzt werden. Insofern ist die von Schrödinger proklamierte Zwietracht zwischen dem Bewußtsein des Ichs seiner selbst und dem Bewußtsein (= Sprache) vorprogrammiert – also tautologisch.

Vielleicht müssen wir an dieser Stelle zusätzlich darauf hinweisen, daß es im Englischen zwei Ausdrücke gibt, die man im Deutschen mit dem Wort "Bewußtsein" übersetzt: *awareness* sowie *consciousness*. Fragt man daraufhin einhundert professionelle Übersetzer nach lexiko-semantischen Nuancen dieser englischen Ausdrücke, wird man eventuell einhundertundfünfzig verschiedene Antworten erhalten. Im Sinne des Autors dieses Buches wäre etwa eine Interpretation, die das Wort "consciousness" als das eher "technisch-wissenschaftliche" einschätzt und dem Terminus

271

"awareness" eine gewisse Nähe zur Sprache als solcher zuschreibt: Wenn jemand etwa sagt, daß er sich etwas "aware" ("gewahr") sei, so drückt er damit wohl aus, daß er den Sachverhalt voll versprachlicht hat. Man mag "awareness" simpel auch als "kolloquialer" beziehungsweise "umgangssprachlicher" empfinden. In jedem Fall finden wir bei Schrödinger auch den Ausdruck "awareness" mit seiner ersten expliziten Erwähnung der Sprache im Zusammenhang mit Bewußtsein:

> "Men and women for whom this world was lit in an unusually bright light of awareness, and who by life and word have, more than others, formed and transformed that work of art which we call humanity, testify by speech and writing or even by their very lives that more than others have they been torn by the pangs of inner discord." (101)

Schrödinger pocht hier auf die bereits erwähnte "innere Zwietracht", welche ohne "word" (Wort), "speech" (Rede) und "writing" (Schrift) nicht denkbar wäre. Zum einen "erhellt" die Sprache uns Zusammenhänge in unserer Umgebung, macht sie uns dadurch "bewußt" ("aware"), zum andern verstrickt sie sich aber automatisch (aufgrund von ihrer zu starken Abhängigkeit von der abstrakten Metaphysik) in Widersprüche, sät somit also Zwietracht im Ich.

Das wissenschaftlich-rationale Ich befindet sich dementsprechend in stetem Kampfe mit dem metaphysischen Alter Ego.

Die innere Zwietracht im Menschen führt Schrödinger fast direkt zur obersten Maxime moralischen Handelns unter dem expliziten Hinweis, daß er Wissenschaftler und mitnichten Morallehrer sei (101). Das ungeschriebene Gesetz der Selbstlosigkeit in der Gemeinschaft stehe unangefochten im Raum, selbst wenn es womöglich von einer Mehrheit der Spezies Mensch nicht beachtet werde. Dennoch untermauert er das Axiom der Rücksichtnahme in der Gemeinschaft wie folgt:

"An animal that embarks on forming states without greatly restricting egoism will perish." (101)

Damit thematisiert Schrödinger wiederum einen der größten Widersprüche, den die Metaphysik und eben mit ihr die Sprache kreiert: der Freiheitsgedanke im Kontrast zum Gemeinschaftsgedanken. Sind wir nicht in der Lage, diese beiden miteinander zu versöhnen, geben wir uns der Zerstörung preis.

Das zweite Kapitel beziehungsweise die zweite Vorlesung, die solch eher negativen Perspektiven in moralphilosophischer Hinsicht folgt, überschreibt Schrödinger sinnigerweise mit *The Future of Understanding* (*Die Zukunft des*

Verstehens), und es geht damit auch eher kritisch-pessimistisch weiter, zumal sich Schrödinger (wohl zurecht) fragt, ob wir uns in einer biologischen Sackgasse befinden. Dabei bezieht er sich insbesondere auf evolutive Gesichtspunkte sowie angeblich "düstere Aussichten", die uns ein radikal ausgelegter Darwinismus prognostiziert:

> "[…] as a developing species we have come to a standstill and have little prospect of further biological advance." (105)

Wir sehen hiermit einen Wissenschaftler, der einen immens langen Zeitraum der Welt-Geschichte an einer dazu im Vergleich extrem kurzen Periode der Menschheitsgeschichte mißt. Dabei muß er den Eindruck gewinnen, daß Homo sapiens in seiner biologischen Entwicklung stagniert, wenn wir allein den Fortschritt in der medizinischen Forschung betrachten, die paradoxerweise eine weitere menschliche Evolution verhindert, indem sie Existenzen am Fortbestand begünstigt, die gemäß dem Axiom vom *Überleben des Stärksten / Fittesten / Robustesten* keine Lebensgrundlage mehr haben dürften: Indem wir die Schwachen (aufgrund unseres Samaritertums, unserer Nächstenliebe) am Leben erhalten, bremsen oder stoppen wir gar unsere biologische Fortentwicklung. Wessen Verdienst ist das? Wir kommen schon wieder nicht umhin, der menschlichen Sprache die Verantwortung zu geben und innerhalb dieser pointiert ihrer Abhängigkeit von metaphysischer Begriffsbildung. Die sprachlose Tier- und Pflanzenwelt paßt sich unreflektiert ihrer sich ändernden Umgebung an; der Mensch hingegen paßt mit Hilfe seiner Sprache die Umgebung seinen vermeintlichen Bedürfnissen (mehrheitlich metaphysischen Ursprungs) an.

Andererseits konnte Schrödinger in den 1950er Jahren keinesfalls die Entwicklung der Molekularbiologie beziehungsweise Genetikforschung vorhersehen: Wenn wir schon nicht die natürlich-biologische Weiterentwicklung unserer Spezies aufgrund unserer moralischen Disposition zulassen, so könnten wir dies mittlerweile eben mit Hilfe wissenschaftlicher Erkenntnisse und Forschungen im Bereich Gentechnik – man steht deswegen geradezu fassungslos vor einem weiteren eklatanten Paradoxon dieser Tage: Wenn schon auf "natürliche" Weise keine Fortentwicklung möglich ist (weil wir zu "gutmütig" sind), dann rufen wir sie doch einfach auf "künstliche" Art und Weise herbei! Und das Ganze ist wiederum "Schuld" unserer (metaphysischen) Sprache.

Doch wir bemerken, daß nicht das eben genannte Schrödingers Thema ist, vielmehr bezieht er sich auf eine unleugbare Technologisierung innerhalb unserer Gesellschaft, eine Mechanisierung mit allerlei Gerätschaften, die uns "fauler" werden läßt, somit unsere Intelligenz zusehends schwächt, anstatt sie – evolutiv gesehen – fortbildet:

> "[…] the increasing mechanization and 'stupidization' of most manufacturing processes involve the serious danger of a general degeneration of our organ of intelligence. The more the chances in life of the clever and of the unresponsive worker are equalled out by the repression of handicraft and the spreading of tedious and boring work on the assembly line, the more will a good brain, clever hands and a sharp eye become superfluous. Indeed the unintelligent man, who naturally finds it easier to submit to the boring toil, will be favoured, he is likely to find it easier to thrive, to settle down and to beget offspring. The result may easily amount even to a negative selection as regards talents and gifts." (115/16)

Schrödinger wirft dementsprechend der Menschheit vor, sich selbst bei der eigenen Weiterentwicklung im Wege zu stehen: Bequemlichkeit rücke in den Vordergrund und gehe auf Kosten der Herausforderung an unsere Intelligenz, die sich einzig durch einen gesunden "Wettbewerb" von Ideen und Talenten fortentwickeln könne:

"Our aim should be to reinstate [...] the interesting and intelligent competition of single human beings" (116)

Wir drehen uns damit weiter im Kreis der Paradoxa, selbst auf intellektuellem Niveau, zumal "Wettbewerb" eine kleinere Form des Krieges bedeutet. Auf der einen Seite bekämpfen wir uns also gegenseitig, was uns aber andererseits durch unsere ethischen Grundsätze verboten wird. Im Prinzip steht deshalb die Sprache, die den Begriff des Wettbewerbs generierte, dem menschlichen (natürlichen?) Wettbewerb im Wege. Folglich müssen wir Schrödinger mit seinem "Zwietrachts"-Argument von oben absolut rechtgeben: Der Mensch ist innerlich hin- und hergerissen, befindet sich ständig im Streit mit sich selbst – bedingt durch seine Sprache beziehungsweise Fähigkeit zu Sprache.

Das macht es uns selbstverständlich nicht leichter, wenn es darum geht zu entscheiden, was "wirklich" ist. Wenn man es radikal auslegte, dann könnte man nämlich durchaus postulieren, daß die menschliche Sprache "unsere" Wirklichkeit prägt. Wir nehmen die Welt durch unsere Sprache wahr, wir verarbeiten die Realität außerhalb des Ichs linguistisch, unter anderem dadurch, daß wir sie systematisch zu beschreiben und zu erklären versuchen.

Dies bildet auch den Schwerpunkt des dritten Kapitels in Schrödingers Vortragsreihe: Er widmet sich dort dem Prinzip der Objektivation, das uns in Gestalt dieses Ausdrucks explizit bereits bei Schopenhauer begegnet ist.

Wie hält es Schrödinger demnach mit der Realität außerhalb seiner selbst? Er betrachtet sich als Wissenschaftler, und demzufolge sieht er eine Realität als gegeben an; er verpflichtet sich, sie adäquat zu beschreiben – wahrheitsgetreu und "aufrichtig":

> "[…] science never imposes, science *states* [sic]. Science aims at nothing but making true and adequate statements about its object. The scientist only imposes two things, namely truth and sincerity, imposes them upon himself and upon other scientists." (117)

Zweifel werfen hierbei selbstverständlich die Begriffe "Objekt" und "Wahrheit" auf, insbesondere, wenn man Schrödingers Ausführungen zur Psychologie ein paar Seiten später analysiert. Dort spricht er von dieser Disziplin als "Wissenschaft" (120f). Sofort kommt da die Frage auf, was denn das Objekt der Psychologie sei. Schrödinger nennt die Ausdrücke *mind* und *soul*, metaphysische Entitäten, über welche wir eigentlich keine "wahren", wissenschaftlichen Aussagen zu machen in der Lage sind. Andererseits sei es das, was wir "mind" (im Sinne von "Verstand") nennen, was unsere Umgebung "verarbeite" zu Wissenschaft. Der Verstand kreiere sein Objekt. Damit sagt Schrödinger allerdings nichts anderes, als daß es der Sprache zu verdanken ist, wenn das passiert. Und Sprache kann letztendlich aufgrund des (linguistischen) Unvollständigkeitsprinzips nicht durch sich selbst erklärt werden, was Schrödinger wie folgt formuliert:

"Mind has erected the objective outside world of the natural philosopher out of its own stuff. Mind could not cope with this gigantic task otherwise than by the simplifying device of excluding itself – withdrawing from its conceptual creation. Hence the latter does not contain ist creator." (121)

Sobald wir die Sprache analysieren, gelangen wir zu den verschiedenen Ebenen der Metasprachen, welche wir häufig vermengen und dadurch Verwirrung stiften. Der Wissenschaftler (gerade im Bereich der Physik) verwendet Sprache (zumeist in Gestalt mathematischer Formeln), ohne "seine" Sprache zum Objekt zu machen. Sobald hingegen der Wissenschaftstheoretiker eben diese Sprache untersucht, wird er auf Widersprüche stoßen, zumal auch in jenem "präzisen" Bereich metaphysische Aspekte aufzuspüren sind. Häufig wird dort mit Metaphern zur "Veranschaulichung" gearbeitet, die zwangsläufig zu Mißverständnissen führen. Jedoch besitzen wir sicherlich eine wesentlich klarere "Vorstellung" vom Untersuchungsobjekt der "harten" Naturwissenschaft im Kontrast zu demjenigen wie etwa der Psychologie.

In diesem Zusammenhang kommen wir auf die Begriffe "Denotation" und "Konnotation" zurück: Wo der Physiker auf exakte Denotation aus ist, konzentriert sich der Psychologe auf ein Konnotationengeflecht sekundär beobachtbarer Ereignisse. Was heißt hier "sekundär"? Der Physiker beobachtet "direkt", denotiert präzise (zwar mit Sprache, aber dennoch präzise), was er wahrnimmt, wo der Psychologe Emergenzen zweiter Stufe mit Hilfe metaphysischer Begrifflichkeit zu beschreiben trachtet. Der Physiker beschäftigt sich d i r e k t mit der Materie, der Psychologe mit Emergenzen der Materie, die sich im Verhalten der Menschen zeigen. Dabei erscheint es ganz natürlich, daß metaphysische Begrifflichkeit verwendet wird, welche man Studenten dieser Disziplin als scheinbar exaktes Handwerkszeug verkauft.

Obiges Zitat Schrödingers impliziert andererseits noch etwas ebenfalls bereits mehrfach Erwähntes im Rahmen der Diskussion der vorangegangenen Autoren: den philosophischen

Solipsismus. Wenn wir Schrödinger zustimmen, daß der Verstand (also die Sprache) unsere Umgebung "kreiert", dann bedeutet das
automatisch: mein Verstand gestaltet seine
Umgebung – diese Umgebung existiert nur in
meinem Verstand; ich alleine nehme die Umgebung außerhalb von mir so wahr, wie sie
mir erscheint.

Die folgenden Passagen aus Schrödingers
ethisch-psychologischen Überlegungen deuten
allerdings eher an, daß die Formulierung *conceptual creation* im obigen Zitat nicht radikal
solipsistisch interpretiert werden darf, zumal
sich der Physiker weiterhin mit dem hypothetischen "Sitz" des Bewußtseins / Verstandes im
menschlichen Körper befaßt:

> "It is very difficult for me to take stock of the
> fact that the localization of the personality, of
> the conscious mind, inside the body is only
> symbolic, just an aid for practical use." (123)

Mit einer solch vagen Bemerkung öffnet
Schrödinger Tür und Tor für radikal-dogma-
tische Metaphysiker: Er bezeichnet die materielle Grundlage dessen, was wir "Verstand"
oder "Bewußtsein" nennen, als rein symbo-
lisch-pragmatisch. Im Prinzip gesteht er somit
beinahe einen Körper-Geist-Dualismus ein und
dies aufgrund einer unüberschaubaren Komp-

lexität eben jener materieller Grundlagen unseres "bewußten Verstandes":

> "We find millions of cells of very specialized build in an arrangement that is u n s u r v e y - a b l y [Hervorhebung RAH] intricate but quite obviously serves a very far-reaching and highly consumate mutual communication and collaboration [...]." (123)

Die Unüberschaubarkeit komplexer (molekularer) Prozesse in unserem Körper beziehungsweise Gehirn zeichnen dafür verantwortlich, daß sich Schrödinger nicht explizit festlegt. Das exakte "Wie" des Zusammenspiels neur(on)aler, molekularer Vorgänge bei der Kreation des "bewußten Verstandes" ist uns zu unbekannt, als daß der Wissenschaftler sich festlegt; er verfällt demzufolge auch in metaphysische Begrifflichkeit:

> "[...] nowhere, you may be sure, however far physiology advances, will you ever meet the personality, will you ever meet the dire pain, the bewildered worry within this soul, though their reality is to you so certain as though you suffered them yourself – as in actual fact you do!" (124)

Womöglich schneidert Schrödinger eine derartige Ausdrucksweise auf sein Publikum zu, wenn er den religiösen Ausdruck "Seele" verwendet. Er möchte niemanden vor den Kopf stoßen oder auch nicht als herzlos-sachlicher Physiker dastehen, sondern als "fühlender" beziehungsweise "mit-fühlender" Mensch. Ansonsten kann man dieses Zitat aus der Feder eines Naturwissenschaftlers keinesfalls rechtfertigen. Die Intention des Autors muß darin liegen, daß er jemanden konkret ansprechen, "erreichen" will und nicht, daß "knallharte" Tatsachen erörtert werden sollen auf völlig "unpersönlicher" Ebene.

Unabhängig von derlei pragmatischen Gesichtspunkten bei der Abfassung seiner Vorlesungsreihe kehrt Schrödinger zurück zu seinem eigentlichen Thema – der Beobachtung der (materiellen) Natur und damit zu einem fundamentalen Problem hierbei, der Beeinflussung des Beobachtungsobjekts durch die Observation selbst:

"[...] the object is affected by our observation. You cannot obtain any knowledge about an object while leaving it strictly isolated. The theory goes on to assert that this disturbance is neither irrelevant nor completely surveyable." (125)

Wenn wir diesen wissenschaftlichen Grundsatz anwenden auf psychologische Studien, leuchtet das unmittelbar ein: Dadurch, daß sich das menschliche Untersuchungsobjekt beobachtet "fühlt", verhält "es" sich nicht unvoreingenommen und "frei" – die Ergebnisse (der Beobachtung) werden somit verfälscht. Unserer Vorstellungskraft fällt es schwer zu verarbeiten, daß wir dieselbe Problematik ebenso im Gebiet der Physik / Chemie antreffen. Dazu muß allerdings betont werden, daß wir dort zwischen verschiedenen "materiell" basierten Beobachtungsebenen differenzieren müssen. Hier kommt wieder das Konzept des Mesokosmos zum Tragen. Rekapitulieren wir: Der Mesokosmos ist die für den Menschen ohne technische Hilfsmittel wahrnehmbare Welt. Es scheint nun sehr unwahrscheinlich, daß wir gerade diese rein materielle Welt, die uns umgibt, durch unsere mesokosmische Beobachtung beeinflussen. Das wäre ungefähr so, als ob man der Telekinese das Wort redete. Ohne die Zuhilfenahme eines Gerätes, das uns die Observation verbessert, können wir uns nicht vorstellen, allein durch Beobachtung Einfluß zu nehmen darauf, was um uns herum passiert. Steigen wir jedoch in der Ausgefeiltheit unserer Observationstechniken auf, kann sich das durchaus ändern. Das einfachste Beispiel sei in diesem Zusammenhang der Einfall von Licht: Verstärken wir etwa die Helligkeit künstlich, um das Untersuchungsobjekt besser "sehen" zu können, ist es denkbar, daß wir seine ("tatsächliche") Erscheinung durch den Einfluß vermehrter Lichtpartikel ("leicht") verändern. Somit hätte es der Beobachter also in der Hand, seinen Untersuchungsgegenstand durch sein Handeln anders "aussehen" zu lassen – und dies "Handeln" wäre bloße Beobachtung. Das Problem verstärkt sich in der Teilchenphysik, wo eben Partikel, die wir einsetzen, um Vorgänge überhaupt "wahrnehmbar" zu machen, die beobachteten "anderen" Partikel dergestalt in ihrem Verhalten beeinflussen, daß wir nicht "gleichzeitig" deren Position und Geschwindigkeit bestimmen können. Letztendlich verwischen sich im Bereich des Mikrokosmos sogar Begriffe wie "Materie" – wo fängt die "Materie" an?

Unsere Sprache erweist sich als nützlich im mesokosmischen Raum, den sie gut zu beschreiben und auch zu erklären vermag; sie versagt uns aber ihre Dienste sowohl im mikro- als auch im makrokosmischen "All".

In diesem Sinne dürfen wir also durchaus die Behauptung in den "Raum" stellen: Die Grenze unserer Sprache ist die Grenze unserer (eigentlich mesokosmischen) Welt. Wir weichen auf Abstraktionsebenen aus, um dieser Schwierigkeit Herr zu werden, vermengen eine solche Abstraktion aber mit metaphysisch-irrationalen Konzepten und schaffen damit Konfliktpotentiale, welche die sprachlose restliche Fauna und Flora nicht "kennt". Die Sprache erschafft die Ethik, welche dem Menschen dann häufig hinderlicher ist, als daß sie ihm nützt.

Mit dieser weiteren Exkursion beziehungsweise Abschweifung zeigt sich wiederum, wie das Prinzip der Objektivation, um das es eben in Schrödingers dritter Vorlesung zum Thema "Verstand und Materie" geht, indirekt zu metaphysisch-ethischen Problematiken führt.

Was ist das Objekt, fragt so der Philosoph, der alles hinterfragt. Warum jedoch hinterfragt der Philosoph alles? Die Antwort liegt in der Sprache selbst beziehungsweise in der (abstrakten) Begriffsbildung: Sogar auf der konkreten physikalischen, ertastbaren Ebene stoßen wir in begrifflicher Hinsicht auf vagen Metaphysikalismus, der unseren Erkenntnisgewinn begrenzt. Die Frage bleibt für die "Zukunft": Wie weit vermögen wir, in den "abstrakten Physikalismus" vorzudringen? Sind für den Menschen die absoluten Grenzen erreicht? Aber sobald wir derartige Fragen mit entsprechender Begrifflichkeit stellen, tappen wir automatisch in die metaphysische Falle: Wo liegt die Zukunft des Absoluten? So dürfen wir dann auch Schrödingers nüchternes Fazit zur Objektivation verstehen:

"[...] no complete, gapless description of any physical object is ever possible." (125)

Denn mit unserer Sprache wandelt sich das konkrete physikalische Objekt zur mystisch-metaphysischen Illusion.

Da ist es nur allzu verständlich, wenn die Menschheit Schutz und Trost bei einem alles erklärenden all-mächtigen, omni-präsenten "Wesen" sucht, weshalb wohl auch Kant seinen divinen Imperativ setzte, der da besagt, daß – obgleich wir die Existenz eines Gottes nicht beweisen können – uns der "rationale" Verstand (a priori) die Existenz eines Gottes "vorschreibt".

Das Stichwort "Kant" beschließt dann auch gleichfalls Schrödingers Gedanken zur Objektivation, indem er den Königsberger Philosophen mit harscher Kritik an der Unterscheidung zwischen Subjekt und Objekt sowie am Begriff des Dinges-an-sich bedenkt:

"[...] we accept the time-hollowed discrimination between subject and object. Though we have to accept it in everyday life 'for practical reference', we ought, so I believe, to abandon it in philosophical thought. Its rigid logical consequence has been revealed by Kant: the sublime, but empty idea of the 'thing-in-itself' about which we forever know nothing." (127)

Demnach "nützt" uns die sinnleere "Idee" vom Ding-an-sich in wissenschaftlicher Hinsicht rein garnichts, sie hindert uns am Erkenntnisfortschritt, was daran liegen mag, daß ihr ein hochgradiger Metaphysikalismus anhaftet, der uns vielleicht hilft, den Alltag besser zu verarbeiten. Schrödinger setzt dementsprechend Ockhams Rasiermesser an und vereint Subjekt und Objekt:

"The world is given to me only once, not one existing and one perceived. Subject and object are only one. The barrier between them cannot be said to have broken down as a result of recent experience in the physical sciences, for this barrier does not exist." (127)

Damit bringt Schrödinger indirekt zum Ausdruck, in welche Schwierigkeiten uns metaphysische Begrifflichkeit bringt, in welche Widersprüche uns die metaphysisch geprägte Sprache verstrickt. Der seriöse, rationale Wissenschaftler muß eigentlich überzeugter Materialist sein:

"It is the same elements that go to compose my mind and the world." (127)

Die vierte Vorlesung Schrödingers setzt bei seiner Aufhebung der Unterscheidung von Subjekt und Objekt fort, indem sie sich mit dem "arithmetischen Paradoxon" der "Einsheit" (*oneness*) des Verstandes beschäftigt.

Schrödinger bezieht sich hier auf Gödels Unvollständigkeitsaxiom und wendet es auf das Ich an:

> "It [das Ich; RAH] is identical with the whole and therefore cannot be contained in it as a part of it." (128)

Der fundamentalste Widerspruch, wie er hier dargestellt wird, geht abermals zu Lasten der Sprache – das Ich und das Bewußtsein als Begriffe verursachen eine derartige Konfusion, daß wir letztlich erneut beim Solipsismus landen, den Schrödinger allerdings wegzuerklären versucht mit einer Definition der Außenwelt:

> "The several domains of 'private' consciousnesses partly overlap. The region common to all where they all overlap is the construct of the 'real world around us'." (128)

Die Welt um uns herum sei also ein "Konstrukt": Das Individuum "konstruiert" seine Umgebung im Bewußtsein und "teilt" eine beträchtliche Schnittmenge ihrer mit denjenigen der anderen Individuen. Man könnte das auch "epistemische Welten", "Erkenntnis-" oder "Wissenswelten" nennen; ein Zusammenleben von sprachbegabten Wesen kann ohne eine solche Überschneidung von individuellen Wissenswelten nicht gedacht werden: Je größer die Schnittmenge der Wissenswelten zweier Individuen ist, desto "besser" *verstehen* sich die beiden.

Andererseits vermögen wir dennoch, das Ganze solipsistisch umzuinterpretieren, denn zunächst spricht Schrödinger von der "Einsheit" beziehungsweise vom "Eins-Sein" (*oneness*) des Verstandes. Das dürfen wir durchaus als "Einzigartigkeit" verstehen: Der individuelle Verstand ist mit sich selbst "eins" sowie auch "einzigartig" im Vergleich mit allen anderen, die er sich in seiner Außenwelt "konstruiert". Das "Konstruieren" trägt hierbei die höchste Signifikanz: Ich mache mir die Welt, ich "konstruiere" sie mir so, wie sie ist und verhalte mich demnach so, wie es am "bequemsten" für mich ist. Die Welt um mich herum scheint gleichzeitig zu agieren, aber auch zu re-agieren, je nachdem wie ich agiere und re-agiere. Ich befinde mich so in einem Kreislauf, dessen eigener Lenker am Ende ich selbst bin – die Welt ist für mich somit eine metaphysische Illusion, die allein durch meine Sprache "am Leben" erhalten wird. Und die bequemste Art und Weise, mit einer solchen metaphysischen Illusion zurechtzukommen, bildet ein erkenntnistheoretischer Materialismus, welcher sich dann sogar auf ethische Aspekte erstreckt.

Schrödinger ginge wohl nie so weit in seinen Ansprüchen, vielmehr "laviert" er zwi-

schen Andeutungen, die einander eher wider-
sprechend gegenüberstehen. Auf der einen Seite ist er eben der eingefleischte Wissenschaftler:

> "We do not wish to lose the logical precision
> that our scientific thought has reached [...]."
> (130)

Andererseits bricht er dann auf zu metaphysischen Sphären, die eben eine solipsistische
Interpretation geradezu heraufbeschwören:

> "[...] consciousness is never experienced in
> the plural, only in the singular." (130)

Wollen wir nichts an der Präzision unseres
wissenschaftlichen Vorgehens einbüßen, dann
dürfen wir uns nicht mit einem vagen, metaphysischen Begriff wie demjenigen des Bewußtseins befassen oder diesen ins Spiel bringen, solange wir uns wissenschaftlich betäti-
gen. Reine Wissenschaft bedient sich einer
Sprache von "logischer Präzision", während
die Metaphysik auf Kriegsfuß mit derartiger
Exaktheit steht.

Schrödinger räumt das wenig später ein
und stellt zusätzlich seine Position zum Zeitbegriff so klar, wie ihm dies eben möglich ist mit
Hilfe einer "unzulänglichen" Sprache:

> "I should say: the over-all number of minds is
> just one. I venture to call it indestructible sin-
> ce it has a peculiar timetable, namely mind is

always *now* [sic]. There is really no before
and after for mind. There is only a now that
includes memories and expectations. But I
grant that our language is not adequate to
express this, and I also grant, should anyone
wish to state it, that I am now talking religion, not science – a religion, however, not
opposed to science, but supported by what
disinterested scientific research has brought
to the fore." (135)

Wie unvollkommen die Sprache sein kann,
demonstriert uns Schrödinger mit seiner Behauptung, daß sich für den menschlichen Verstand alles im Jetzt abspiele. Wir können
ebenso plausibel, wenn nicht sogar einleuch-
tender argumentieren, daß sich für den Verstand alles in der Vergangenheit abspielt,
zumal es so etwas wie den "jetzigen Zeitpunkt" nicht gibt: Sobald wir etwas denken,
wahrnehmen, prognostizieren, wandelt sich
dieses etwas in eine Sache der Vergangenheit
– das Jetzt ist stete Vergangenheit.

Und mit Recht stellt Schrödinger sodann
fest, daß die Sprache kein angemessenes Mittel
sei, diesen "Sachverhalt" akkurat auszudrücken.
Doch was wäre demnach "angemessen"? Schrödinger flüchtet sich in das, was er "Religion"
nennt. Er macht damit eben nichts anderes als
der frühe Homo sapiens: Wenn wir an die
Grenzen unseres "momentanen" Wissens stoßen,

nehmen wir allzu gerne Rekurs auf das Religiöse. Die Religion begann mit dem Pantheismus: die Natur war uns ein völliges Rätsel. Schritt für Schritt entmythologisierte sich unsere Umwelt; wir fanden regelmäßige Muster, ja: Gesetze, die unsere physische Umgebung bestimmen. Und vielleicht tut es uns wesentlich besser, einen sich (noch) reduzierenden Restbestand des für uns nicht sprachlich erklärbaren deterministischen Chaos' um uns herum zu akzeptieren, als hilflos und verzweifelt unter der verführerischen Schürze der Religion Schutz vor einem Minimum an Ungewißheit zu suchen.

Womöglich müssen wir Schrödingers Religionsbegriff nicht so drastisch auslegen, dennoch wirkt die Ausdrucksweise äußerst unglücklich, wenn man einige Bemerkungen seinerseits hinzuzieht, die sich in den restlichen Abschnitten der vierten Vorlesung finden. Dort hebt er unter anderem seine kategorische Ablehnung einer Unterscheidung zwischen "Ding-an-sich" und "Ding-als-Erscheinung" hervor:

"Nothing is reflected. The original and the mirror-image are identical." (136)

Kein "allmächtiger Lenker" täuscht sie uns vor: Die Welt ist so, wie sie uns erscheint. Wir müssen sie so akzeptieren, wie sie uns erscheint; und es gelingt uns eben dann auch verhältnismäßig gut, sie mit unserem bescheidenen Mittel der Sprache zufriedenstellend zu beschreiben sowie zu erklären.

Hinzu kommt, daß die Außenwelt, wenn wir sie völlig ohne metaphysische Sinngebungen, ohne Emotionen betrachten, keinerlei "Respekt" vor uns als "lebendigen" Wesen hat – die Welt ist tote Materie:

> "Nature has no reverence towards life. Nature treats life as though it were the most valueless thing in the world." (138)

Die Welt respektiert uns einzig dadurch, daß sie zuläßt, von unserem Verstand (sprachlich / linguistisch) verarbeitet zu werden:

> "The show that is going on obviously acquires a meaning only with regard to the mind that contemplates it." (138)

Die Betonung sei hier auf dem Wort *meaning* ("Bedeutung"). Eine Bedeutung gibt es einzig in der (menschlichen) Sprache: Nur unsere Sprache verleiht der Welt um uns herum "Bedeutung". Diese Bedeutung erscheint uns inter-subjektiv (innerhalb der sprachbegabten Menschheit), allumfassend überprüfbar, da die konkrete Welt denotierbar ist. Dies muß zu einem radikalen Atheismus führen, zumal der metaphysische Begriff "Gott" keine Bedeutung, keine überprüfbare Denotation hat. Subjektiv mag der Begriff vielleicht "Sinn" geben – nur so wären Schrödingers abschließende Bemerkungen im vierten Kapitel gegen einen wissenschaftlich fundierten Atheismus zu rechtfertigen, mit denen er offenbar seine "gläubige" Zuhörerschaft (im Jahre 1956) zu trösten versucht. In gewisser Weise gelingt es ihm, mit seiner diese vierte Vorlesung beendenden Bemerkung, alles von ihm zuvor Erörterte zu zerstören:

"God is spirit." (139)

Damit bestimmte ein unbestimmtes Phantasma unser D a -sein.

Wenigstens unternimmt es Schrödinger im anschließenden Kapitel, das zuvor nur skizzierte Verhältnis zwischen Religion und Wissenschaft zu relativieren, indem er den gegenseitigen Einfluß der beiden aufeinander herauszuarbeiten versucht. Ein derartiges Unterfangen mag den Vorwürfen geschuldet sein, der sich die Naturwissenschaft von seiten der Religion ausgesetzt sieht beziehungsweise sah. Dabei handelt es sich exklusiv um eine Art sozialen Drucks, der vom überzeugten Materialisten ignorierbar wäre; Schrödinger hingegen scheint – nicht zuletzt aufgrund biographisch-historischer Gegebenheiten sowie auch seiner gesellschaftlichen Einbindung als anerkannter Akademiker seiner Ära – einem solchen Druck nicht gewachsen gewesen zu sein, da er so etwas ausführlich thematisiert. Hiermit steht er selbstverständlich auf verlorenem Posten, zumal man einem spirituell verhafteten Dogmatiker nichts dergleichen überzeugend nahebringen kann. Die Methode, die Schrödinger nachvollziehbarerweise anwendet, kann als Kompromiß verstanden werden, doch damit reduziert er die Wichtigkeit und vor allem die Unabhängigkeit der Wissenschaft. Der reine Wissenschaftler "lebt" nämlich in einer sich der Perfektion annähernden Welt, wohingegen sich der spirituelle Dogmatiker mit seinen Wahnvorstellungen mehr und mehr in eine Traumwelt hineinbewegt. Obgleich Schrödinger also neutrale Kompromißbereitschaft andeutet, da er sich mit der Aussagekraft der Naturwissenschaft bei religiösen Fragen beschäftigt, verwendet er dennoch die provokante Klassifikation "time-honoured popular superstition" (140) im Zusammenhang mit metaphysischen "Schwierigkeiten" wie dem "Nachleben" (*afterlife*).

Es sind genau solche "volkstümlichen Aberglauben", von denen sich ein Wissenschaftler lösen sollte, damit er produktiv-konstruktiv sein kann. Schrödinger widmet sich dennoch jener Thematik und versucht sich am Zeitbegriff und hier vor allem der Präposition *after* ("nach"). Zunächst betont er, daß es eines der Verdienste der Wissenschaft beziehungsweise (frühen) Philosophie gewesen sei, die Zeit zu "idealisieren" (141). Was genau er damit meint, spezifiziert er nicht unbedingt, und wir sind darauf angewiesen, ein wenig zu spekulieren. Er hebt in diesem Zusammenhang die Namen Platon, Kant und Einstein hervor. Sicherlich sind wir so gezwungen, den Widerspruch abermals zu verdeutlichen: Kant und Einstein scheinen gewissermaßen kaum vereinbar; Kant interpretiert Zeit als separate Denkkategorie von derjenigen des Raumes, wohingegen wir aus der Einsteinschen Relativitätstheorie wissen, daß Raum und Zeit – oder das, was wir mesokosmisch-anthropozentrisch so nennen – quasi eine einzige Dimension bilden. Erfahrungswelt und theoretische Physik w i d e r - s p r e c h e n sich in Bezug auf die Zeit. Ob das als eine lobenswerte "Idealisierung" – wie Schrödinger denkt – bezeichnet werden kann, sei dahingestellt; die Einsteinsche Raumzeit ist jedenfalls mit den Kantischen "apriorischen" Denkkategorien von Raum und Zeit unversöhnlich. Metaphysik trifft dort auf Naturwissenschaft – es gibt keinerlei Kompromiß zwischen den beiden, und die Sprache steht sozusagen hilflos da mit ihrer Kontamination durch den (metaphysischen) Zeitbegriff:

"But everyday language is prejudicial in that it is so thoroughly imbued with the notion of time – you cannot use a verb (*verbum* [sic], 'the' word, Germ. *Zeitwort* [sic]) without using it in one or the other tense." (148)

Um den Punkt zu verdeutlichen, führt Schrödinger die nicht-lateinische Version des Ausdrucks *Verb* an – das "Zeit-Wort". Die Sprache sei demnach mit einem Vorurteil behaftet, das nicht auszuräumen ist. Das Zeit-Wort zeigt uns die Zeit an, wann etwas geschah, geschieht oder (voraussichtlich) geschehen wird. Die Sprache sieht andererseits keine spezielle Markierung grammatischer Natur für eine Kombination aus Raum und Zeit vor, weshalb uns im Alltag, im sprachlich geprägten Mesokosmos das Konzept der Raumzeit geradezu unbegreiflich bleibt.

Schrödinger hingegen zieht ein völlig anderes Fazit, das sehr überraschen mag:

"Einstein has not – as you sometimes hear – given the lie to Kant's deep thoughts on the idealization of space and time, he has, on the contrary, made a large step towards its accomplishment." (149)

Wie er zu einem solchen Schluß kommt, läßt Schrödinger im Dunkeln. Der Satz, den er am

Ende der fünften Vorlesung ausspricht, lautet demnach ebenso orakelhaft:

"[...] physical theory in its present stage strongly suggests the indestructability of Mind by Time." (152)

Schrödinger vermengt bei dieser Konklusion erneut Physik mit Metaphysik. Wie kann ein Abstraktum ein anderes Abstraktum (metaphysischer Natur) zerstören, und wie kann das die Physik mit ihren Theorien nahelegen? Alles in allem unterstreicht eine derartige Aussage Schrödingers starke Verbundenheit mit der Metaphysik. So ist es auch zu erklären, warum er für den Titel seiner sechsten und letzten Vorlesung unter anderem das Wort "Mysterium" verwendet. Man sollte meinen, daß ein Naturwissenschaftler das "Gefühl" hat, die Welt schrittweise zu "ent-mystifizieren"; das stellt die Grundidee einer wissenschaftlichen Tätigkeit dar. Es mag Erklärungsbedarf bestehen, aber prinzipiell müßte alles ent-mystifizierbar sein.

Die (metaphysische) Sprache macht das Unbekannte zum häufig gefürchteten Mysterium, das uns dann bedauerlicherweise oft zwingt, in unserer "Verzweiflung" um "göttliche Einsicht" zu flehen – bei einer Instanz, die uns letztlich nicht helfen kann.

Was ist denn dann das große "Mysterium" für Schrödinger zum Abschluß seiner Vorlesungsreihe? Er führt die sogenannten Sinnesqualitäten an. Schließlich und endlich geht es damit wieder um die Realität der Außenwelt sowie um ein Unvollständigkeitsaxiom hinsichtlich der menschlichen Wahrnehmung: Unsere wissenschaftliche Beschreibung der Außenwelt fußt allein (zwar meist indirekt, aber dennoch eben ausschließlich) auf der sinnlichen Wahrnehmung durch den Menschen, der die Welt zwar perzipiert, beschreibt und erklärt, aber am Ende keinerlei Referenz zu machen in der Lage ist auf die Sinnesqualitäten, die dazu notwendig sind.

Der sinnliche Unvollständigkeitssatz lautet dementsprechend wie folgt:

"[...] none the less the scientific views of natural processes formed in this way lack all sensual qualities and therefore cannot account for the latter." (163)

Die Sinnesqualitäten sind notwendig zur wissenschaftlichen Erschließung der Welt; die Wissenschaft erklärt hierbei aber nicht die Sinnesqualitäten, die für sie essentiell sind. Ein weiteres Paradoxon baut sich hier vor uns auf, erstellt wiederum durch unsere unvollkommene Sprache.

Zu einem gewissen Grad sorgt Schrödinger bei seinen Lesern / Zuhörern für ein ratloses Achselzucken, wenn er seine Vorlesungen zum Verhältnis zwischen Verstand und Materie mit den Worten beendet:

> "And since the former [actual observations; RAH] always are of some sensual quality, theories are easily thought to account for sensual qualities; which, of course, they never do." (164)

Interpretieren wir diese Behauptung von linguistisch-philosophischer Seite, so können wir abermals der Sprache die "Schuld" an einem solchen Paradoxon geben. Die Sprache gaukelt uns sowohl die physische (sinnliche) Welt vor, als ebenso die rein metaphysische (abstrakte beziehungsweise sogar spirituelle). Unklar bleibt dabei wie zu Beginn, welche von jenen beiden Welten "mehr" Realität hat.

Sprache, Zeit und Wirklichkeit in einer Welt der metaphysischen Illusion – ein materialistisches Fazit

Wie faßt man eine "chaotisch" anmutende Thematik kohärent zusammen? Dieses Grundproblem stellt sich dem Autor der vorliegenden Schrift genauso sehr wie zu ihrem Beginn.

Wo fange ich an, wo höre ich auf?

Womöglich ist es der beste Kompromiß, biblisch-orakelhaft zu resümieren:

Am Anfang und am Ende ist das Wort!

Die Sprache öffnet dem Individuum die Welt ebenso, wie sie sie ihm wieder verschließt.

Fehlt die Sprache, so gibt es auch kein "Ding-an-sich", keine Exponentialfunktion, kein Atom, keine Abnormalität, keinen Freien Willen, keine Vollkommenheit.

Sprache verleiht jeglichen Begriffen Existenz. Welche Begriffe konkreter, realer sind als andere, entscheidet die sogenannte Intersubjektivität, die Konvention, die ihrerseits wiederum ihre "Existenz" der Sprache verdankt.

Der Autor der vorliegenden Schrift hält es sehr pragmatisch in diesem Zusammenhang: Er akzeptiert die Realität der Außenwelt wie deren materielles ("wahr"-nehmbares) Fundament. Zu dieser Realität zählt die Sprache, die ihrerseits genauso auf der Materie (im menschlichen Gehirn) basiert.

Der ewige linguistische Zirkel, repräsentiert nicht zuletzt durch die am Beginn der Schrift angedeuteten metasprachlichen Ebenen der menschlichen Kommunikation, muß unreflektiert durchbrochen werden, wenn man nicht der Umnachtung anheimfallen will.

Eine Gemeinsamkeit verbindet zum Schluß sämtliche hier besprochene Denker mit dem Autor: Überall taucht die hohe Plausibilität des Solipsismus für eventuelle Interpretationen auf – die Welt ist m e i n e ureigene metaphysische Illusion, ob nun als rein materielle, rein spirituelle oder transzendentalphilosophisch-komplexe Welt; und diese, m e i n e ureigene Welt kommt ohne Sprache nicht aus, zumal sie mir Begriffe wie *Zeit* und *Wirklichkeit* unerläßlich für meine V e r s t a n d esgesundheit macht.

Bibliographie

Changeux, Jean-Pierre (1985): Neuronal Man. The Biology of Mind. New York.

Chomsky, Noam (1957). Syntactic Structures. The Hague.

Churchland, Patricia Smith (1986): Neurophilosophy. Toward a Unified Science of the Mind/Brain. Cambridge (Mass.).

Churchland, Paul M. (1988): Matter and Consciousness. A Contemporary Introduction to the Philosophy of Mind. Revised edition. Cambridge (Mass.).

Hartmann, Ralph A. (2014): LINGUETHICA MATERIALISTICA. Der Schritt vom Sein zum Sollen / From Fact to Virtue. Deutsch – Englisch / German – English. Edinburgh.

Kant, Immanuel (1903 [Erstausgabe: 1783]): Prolegomena zu einer jeden künftigen Metaphysik die als Wissenschaft wird auftreten können. In: Erdmann, Benno (Hrsg.): Kants Gesammelte Schriften, Abteilung Werke, Band IV. Berlin.

La Mettrie, Julien Offray de (1990 / 1748): L'homme machine / Die Maschine Mensch. Französisch – deutsch. Hamburg.

Lorenz, Konrad (1941): Kant's Lehre vom Apriorischen im Lichte gegenwärtiger Biologie. In: Blätter für Deutsche Philosophie 15: 94-125.

Schopenhauer, Arthur (1937 [Erstausgabe: 1818]): Die Welt als Wille und Vorstellung. Erster Band. Vier Bücher, nebst einem Anhange, der die Kritik der Kantischen Philosophie enthält. In: Sämtliche Werke (hrsg. v. Arthur Hübscher). Band 2. Leipzig.

Schrödinger, Erwin (1992): What is Life? The Physical Aspect oft he Living Cell with **Mind and Matter** & Autobiographical Sketches. Cambridge (UK).

Wiitgenstein, Ludwig (1982 / 1921): Tractatus logico-philosophicus. Logisch philosophische Abhandlung. Frankfurt / Main.

**Weitere (bei *Kindle* / *Amazon* / *HARALEX*
erhältliche) Schriften zur Philosophie
und/oder Linguistik von Ralph A. Hartmann:**

*PHILOSOPHIES OF
LANGUAGE AND LINGUISTICS:*
*Plato, Aristotle, Saussure, Wittgenstein, Bloomfield,
Russell, Quine, Searle, Chomsky, and Pinker on
Language and its Systematic Study*
(e-Book und Taschenbuch)

LINGUETHICA MATERIALISTICA
Der Schritt vom Sein zum Sollen
(e-Book und Taschenbuch)

FLUCHT VOR DER MYTHOLOGIE:
Die Natur im Verständnis der Vorsokratischen Philosophen
(e-Book und Taschenbuch)

*DIE EVOLUTION DER ERKENNTNISTHEORIE
ZUR EVOLUTIONÄREN ERKENNTNISTHEORIE*
*Zwei zeitgemäße Umdeutungen grundlegender Hypo-
thesen von Immanuel Kants Transzendentalphilosophie*
(e-Book und Taschenbuch)

METATHEORIEN DER LINGUISTIK
Saussure, Chomsky und das Realitätsproblem der Sprache
(e-Book und Taschenbuch)

SPRACHMASCHINE MENSCH?
Chomsky und Piaget zum Linguistischen Nativismus
(e-Book und Taschenbuch)

Foto: ¡az!-images (Annette Zimmermann)

Der Autor

Ralph A. Hartmann wurde 1966 an einem heißen Spät-
septemberabend in Leutkirch (Allgäu) geboren.
Seine Veröffentlichungen umfassen deutsche und engli-
sche Prosa, Lyrik wie auch akademische Schriften.
Seit 2002 lebt und arbeitet er in Schottlands Hauptstadt
Edinburgh.

www.ingramcontent.com/pod-product-compliance
Lightning Source LLC
LaVergne TN
LVHW051455080426
835509LV00017B/1768